中国氢能产业展望报告

China Hydrogen Energy Industry Outlook

中国石化集团经济技术研究院有限公司　编著

中国经济出版社
CHINA ECONOMIC PUBLISHING HOUSE
中国石化出版社
HTTP://WWW.SINOPEC-PRESS.COM
·北京·

内 容 提 要

本书分析了氢能产业历史进程及发展规律，研究了中国氢能产业的发展脉络、演进逻辑、所处方位和未来趋势。在此基础上构建模型，系统分析预测了中国氢能消费总量、分部门消费结构以及氢能应用碳减排效应的中长期演变趋势，形成了中国氢能中长期供需预测数据体系，并对不同部门氢能消费前景进行了系统性展望。本书重点在于研判氢能产业发展的演进规律、内在逻辑和构建氢能中长期发展预测体系。

本书适合氢能产业相关从业者及关注能源转型、碳减排等主题的读者。

图书在版编目(CIP)数据

中国氢能产业展望报告 / 中国石化集团经济技术研究院有限公司编著 . —北京 : 中国石化出版社，2023.10

ISBN 978-7-5114-7346-2

Ⅰ. ①中… Ⅱ. ①中… Ⅲ. ①氢能—能源发展—产业发展—研究报告—中国 Ⅳ. ①F426.2

中国国家版本馆CIP数据核字(2023)第212862号

中国石化出版社出版发行

地址：北京市东城区安定门外大街58号

邮编：100011 电话：(010) 57512500

发行部电话：(010) 57512575

http：//www.sinopec-press.com

E-mail：press@sinopec.com

北京科信印刷有限公司印刷

全国各地新华书店经销

•

787毫米×1092毫米 16开本 12印张 114千字

2023年12月第1版 2023年12月第1次印刷

定价：298.00元

《中国氢能产业展望报告》
编写委员会

主　　任： 喻宝才

副 主 任： 戴照明

委　　员： 戴宝华　顾松园　罗大清　李　志　傅　军

指导专家： 曹湘洪　欧阳明高　张玉清　凌逸群
谢在库　孙丽丽　李明丰　刘会友　王　皓

主　　编： 罗大清　刘潇潇　曹　勇

编写组成员： 王　盼　乞孟迪　程　诺　崔　宇　施大鹏
程一步　丁宣升　王　迪　胡明禹　聂浩宇
黄　宁

序言

氢能是 21 世纪最具发展潜力的清洁能源之一，具有来源多样、终端零排、用途广泛等优势，大力发展氢能产业对保障国家能源安全、应对气候变化意义重大。氢能在我国构建新型能源体系进程中的地位不可或缺，特别是作为能源转型发展的重要载体，可为重工业、重型交通等难脱碳领域提供现实可行的碳减排解决方案。深入研判氢能在“双碳”进程中的作用，厘清不同用能部门的氢能需求潜力，识别氢能产业发展的关键路径，对我国构建清洁低碳、安全高效的能源体系，顺利实现碳中和目标至关重要。

我国对氢能产业发展高度重视，2022 年发布《氢能产业发展中长期规划（2021—2035 年）》，明确了氢能在我国新型能源体系中的战略定位及推进发展的总体要求、发展目标和重大举措。能源行业企业正在积极落实国家战略和规划部署，持续推动氢能产业发展。从目前看，氢能产业前景渐趋明朗，但仍面临诸多挑战。特别是面向 2060 年前实现碳中和的战略目标，我国氢能产业的发展潜力及远期空间到底有多大，未来氢能在不同用能部门的需求到底如何，发展氢能产业能够为我国碳减排做出多大贡献，我国可再生能源供给能否支撑氢能产业发展的用能需要，以及如何更加准确把握氢能产业发展大势，推动我国氢能发展从“初见成效”迈向行稳致远，进而实现内生动力驱动的高质量可持续发展等，这些都是业界需要深入研究破解的重大课题。

中国石化集团经济技术研究院有限公司编著的《中国氢能产业展望报告》（简称《报告》）是其基于长期开展能源产业预测研究的深厚积淀，从构建氢能需求预测模型出发，将氢能产业研究纳入能源体系的总体框架，历时近三年形成的研究成果。研究团队通过扎实开展规律剖析、趋势研判、供求建模和情景分析等工作，结合对氢能产业发展关键路径和重要应用场景研判，提出了许多前瞻性建设性观点。特别是以氢能产业体系建设需满足整个能源体系实现安全稳定、经济高效、绿色低碳"能源三角动态平衡"发展作为底层支撑，系统研究了氢能产业发展与整个能源体系演进发展的协同耦合关系，更加理性客观地对氢能在我国能源体系中的地位和作用进行了剖析，并针对产业发展面临的诸多不确定性，提出了我国氢能产业发展可能出现的不同演进情景。《报告》视野开阔、内容丰富，结构合理、脉络清晰，数据详实、观点前瞻，对氢能产业研究和推动氢能发展具备较高的应用价值。

从《报告》主要结论看，过去 50 年，氢能在新兴领域的应用虽然掀起数次热潮，但仍需解决制氢、储运、应用等多个环节的难题，其中经济性是最关键的指标之一。氢能产业要在未来 30 多年真正发展成为减碳难度大的用能场景的关键降碳力量，仍需更多技术沉淀、创新突破和政策支持。《报告》致力于把握氢能产业发展与历次工业革命和产业变革之间的内在逻辑，在较大时间跨度分析我国氢能发展空间，研判产业所处方位和未来发展趋势，剖析氢能需求变化的主要规律和关键影响要素，有助于行业各界碰撞思想、凝聚共识和集聚智慧，科学应对前进道路上的困难挑战，推动氢能在我国能源转型进程中发挥更大作用。

期待《中国氢能产业展望报告》起到促进同仁交流、廓清行业认识的作用，并为政府制定氢能发展规划和产业政策、为业界谋划推动氢能产业高质量发展提供参考。

中国工程院院士

2023 年 12 月

前言

氢能是氢在物理化学变化过程中释放的能量。氢是世界上质量最轻的化学元素，氢气无色无味无毒，燃烧性能好，单位质量热值[①]是天然气的 2.5 倍、汽油的 2.8 倍、焦炭的 4.2 倍，氢的燃烧产物仅有水，无二氧化碳和污染物排放。由于具有来源丰富、终端低碳、应用广泛等重要特点，氢能被认为是全球能源低碳转型的重要载体、工业生产的重要原料和驱动未来能源变革的关键力量。

人类发现和利用氢气已有数百年的历史。19 世纪初，早期氢能开发的动力主要来自城镇照明对人工煤气的需求，到 20 世纪，产业发展动力逐步转为工业原料的用氢需求。20 世纪 70 年代全球爆发石油危机，氢能发展的创新动力逐步转向能源替代和能源安全，但因缺乏经济性未在新领域形成新产业。进入 21 世纪，全球积极应对气候变化，可再生能源蓬勃发展，燃料电池等关键技术突破为氢能低碳应用创造了条件，保障能源安全和实现深度脱碳成为推动产业发展的新动力。

当前百年变局加速演进，新一轮科技革命和产业变革正在重构全球创新版图，能源消费结构即将发生根本性改变，新能源和低碳足迹氢能（简称低碳氢能）等新兴产业孕育发展，即将形成引领能源行业未来发展的新支柱、新赛道。氢能产业链涵盖氢气制取、储存、运输和应用等多个环节，以及燃料电池等重要关联产业，正在成为工业化国家争夺未来产业主导权的重要战场。全球主要国家纷纷发布氢能发展战略，推动氢能科技创新和产业示范，力图在氢能技术与市场领域

① 以低位发热量计，下同。

抢得先机，加快培育低碳氢能产业。据国际氢能理事会预测，到2050年全球氢能产业产值有望超过2.5万亿美元。届时，氢能将成长为推动能源低碳转型的重要力量，并为工业、交通、电力和建筑等部门实现深度脱碳提供关键解决方案，氢能经济和氢能社会将从概念变为现实。

中国将氢能定位为未来国家能源体系的重要组成部分，用能终端实现绿色低碳转型的重要载体。党中央高度重视氢能产业发展，习近平总书记2022年1月在中共中央政治局集体学习时指出，要把促进新能源和清洁能源发展放在更加突出的位置，积极有序发展光能源、硅能源、氢能源、可再生能源；2023年7月在四川考察时强调，要科学规划建设新型能源体系，促进水风光氢天然气等多能互补发展；10月在主持召开进一步推动长江经济带高质量发展座谈会时强调，要注重水电等优势传统能源与风电、光伏、氢能等新能源的多能互补、深度融合，加快建设新型能源体系，推进源网荷储一体化。低碳氢能正在成为能源行业摆脱传统路径依赖，培育新质生产力的重要方向。发展氢能产业，有利于推动能源生产革命，消纳更多可再生能源，减少对化石能源的依赖，有利于推动能源消费革命，满足难脱碳领域的清洁用能需求，实现行业减碳目标，有利于构建更可持续、更具环境友好特性的新型能源体系，推动能源行业高质量发展。

中国是世界最大的氢气生产和消费国，氢能产业发展态势总体良好，初步掌握了氢能制储运加用和燃料电池等关键技术，下游应用领域广、未来市场潜力大。国家已发布氢能中长期发展规划，近年来着力加快氢能产业布局，绿氢产业蓬勃发展，正快速进入产业导入期。不过，受资源市场逆向分布以及技术经济性等因素制约，低碳氢能发展仍面临诸多瓶颈挑战，亟须解决产业链面临的关键共性问题，立足“双碳”目标，谋划长远路径，增进产业共识。

中国石油化工集团有限公司（简称中国石化）自发布氢能发展战略以来，积极致力于打造“中国第一氢能公司”，在绿氢炼化、氢能交通等关键领域持续发力，率先在国内建成万吨级光伏发电直接制绿氢示范项目，贯通了光伏发电、绿电输送、绿电制氢、氢气储存、氢气运输、绿氢炼化等绿氢生产利用全流程，推动炼化企业低碳转型，积极建设区域燃料电池用氢供应中心，在重点地区布局油氢合建站，远期规划在全国分阶段构建跨区域连通的“氢走廊”，更好推动氢能产业融合发展。中国石化集团经济技术研究院有限公司（简称中国石化经济技术研究院）作为中国石化的智库单位，在《中国能源展望 2060》报告的基础上，组织编写了《中国氢能产业展望报告》，力求通过科学的情景分析，深入开展氢能产业研究工作，为研判我国氢能产业中长期发展前景及路径提供重要参考，为氢能产业实现可持续发展提供有力支撑。

氢能产业展望是一项复杂的系统工程，在动态演进的全球政治格局、持续推进的产业变革和不断调整的能源结构的大背景下，如何针对诸多不确定因素进行合理假设，对经济社会、产业环境、行业政策和细分市场等要素做出科学判断，探寻氢能产业发展的科学路径，形成对产业发展方向、供给需求潜力的基本判断，是课题研究的关键。为此，研究组构建了涵盖我国氢能需求和供给的基础预测模型，从国内外氢能产业发展历程和规律性认识入手，剖析了影响氢能产业发展的关键要素，结合对我国能源转型战略目标以及“双碳”等关键行业政策的研判，在从 2020 年到 2060 年的预测期内，开展了化石能源制氢和可再生能源制氢等重点路径的技术经济性分析，测算了氢能产业链的制氢、储氢、运氢和用氢等关键环节的平准化成本，厘清了不同技术路径的竞争力，进而提出了氢能在工业、交通、建筑以及电力部门的需求潜力。本书作为中国石化经济技术研究院 2022 年发布的《中国能源展望 2060》报告的系列分报告之一，在主报告提出的中国能源转型协调发展、安全挑战和绿色紧迫三种情景的基础上，开展了氢能产业发展的基准情景（中情景）、低情景和高情景分析，给出了预测期内我国分阶段氢能需求以及氢能占我国终端能源需求的比重，描绘了氢能产业发展前景。

《报告》前言、摘要部分由罗大清、刘潇潇、曹勇编写，第 1 章全球氢能产业发展历程及启示由程诺、胡明禹编写，第 2 章我国氢能产业发展的基本脉络和发展方位由曹勇、王盼、崔宇编写，第 3 章氢能需求预测方法和发展路径研判由曹勇编写，第 4 章我国氢能消费前景展望由曹勇、乞孟迪、施大鹏、丁宣升、黄宁编写，第 5 章氢能产业关键环节技术经济性展望由王盼、聂浩宇、王迪、程一步编写，第 6 章氢能产业用能结构及远期碳减排潜力由曹勇、崔宇编写，第 7 章结语和建议由刘潇潇、曹勇编写，附录由曹勇、王盼完成。全书由曹勇统稿，崔宇校稿，罗大清、刘潇潇审核，戴宝华、顾松园审定。《报告》编写过程中得到了中国石化发展计划部、科技部、炼油事业部、油品销售事业部、化工事业部等部门的大力支持，以及相关领导和行业专家的指导帮助，研究组在此一并表示感谢！

受研究过程中掌握的基础资料和编写人员水平所限，《报告》难免有不尽完善之处，敬请批评指正。希望《报告》能够启发能源行业的各位同仁深入思考，增进行业共识，为我国氢能产业的高质量发展尽绵薄之力。

中国石化集团经济技术研究院有限公司
《中国氢能产业展望报告》研究组
2023年12月

摘要

氢能是一种来源广泛、清洁高效、终端低碳、应用场景丰富的二次能源。人类发现和利用氢气已有两百多年的历史。在现代社会中，氢气既可作为工业生产的原料，也可作为生产生活的燃料。氢能产业涵盖氢气制取、储运、转化和应用以及相关装备制造等重要环节，既是传统工业体系的重要组成部分，也是战略性新兴产业的重要发展方向。

进入 21 世纪，为应对全球气候变化，主要国家提出了到 21 世纪中叶实现碳中和的发展目标，低碳氢能被认为是推动能源结构调整、产业转型升级和实现可持续发展的关键之一，受到了广泛重视。全球已有 40 多个国家和地区制定了氢能发展战略或路线图，从加快能源转型步伐、抢占未来产业制高点、保障能源安全、培育经济新增长点等战略角度出发，积极推动氢能产业发展，欧盟和美国等发达经济体致力于成为氢能产业发展的先行者和领导者。随着可再生能源的蓬勃发展，燃料电池等关键领域的技术突破，氢能发展的新空间正在被打开。在碳中和目标指引下，低碳氢能将为工业、交通和建筑等部门深度脱碳提供解决方案，拥有广阔的发展前景。国际氢能理事会预测认为，碳中和情景下 2050 年氢能将满足全球 18% 的终端能源需求，减少 60 亿吨 CO_2 排放。

在“双碳”目标引领和能源低碳转型的战略部署下，我国氢能发展进入新的阶段，正在成为深入践行能源安全新战略、构建清洁低碳、安全高效能源体系的重要抓手。发展氢能产业，有利于推动能源生产和消费革命，减少对化石能源的依赖，满足难脱碳领域的清洁用能需求，构建更加绿色、更为安全、更可持续、更高质量的新型能源体系，助力能源行业达成国家战略目标。

2022年我国氢气年产量约3500万吨，以化石能源制氢和工业副产氢为主，氢气消费主要用于工业部门，以化工和炼油行业为主，交通、建筑等其他部门消费规模较小。氢能产业面临的主要发展瓶颈：一是氢源结构以化石能源制氢为主，煤制氢规模大、碳排放强度高，绿氢供给处于起步阶段，经济性有待提升；二是氢能应用场景有待丰富，基于低碳氢能的减碳方案缺乏市场竞争力，加之当前碳价水平相对较低，氢能在难减碳领域实现深度脱碳的渗透率不高；三是氢储运体系建设尚处于起步阶段，氢能基础设施相对不足，缺乏长距离、规模化输送能力，储运环节成本较高；四是关键环节氢能技术装备自主化、国产化水平有待提高，部分核心零部件和基础材料依赖进口，国产化产品商用成熟度与国外先进水平相比仍有一定差距，亟须提升国产化替代水平和应用规模。综上判断，我国氢能产业实现可持续发展、迈向碳中和时代的关键，在于加大技术创新投入和政策扶持力度，大幅提升低碳氢能的技术经济性，有序扩大供应规模，打通氢能“制储输用”产业链，丰富氢能应用场景，满足工业、交通、电力和建筑部门深度脱碳需求，形成具有竞争力的“低碳”“零碳”“负碳”能源替代解决方案。

《报告》聚焦我国氢能产业发展前景，以情景分析为基础，结合我们对氢能产业发展规律的认识以及对细分行业中长期发展趋势的研判，提出氢能产业政策环境、技术演进和资源约束的基本假设，形成对氢能产业中长期发展路径的认识。天然气和氢能在能源体系中的地位和作用具有较多共性特点，《报告》在设定氢能产业研究范围时，一是结合氢能在能源体系中的角色定位，既包括燃料和动力用氢，也包括原料和材料用氢；二是考虑氢能在终端应用的特殊性，特别是氢能与其他能源的替代互补关系，《报告》对交通、建筑、电力等终端部门氢能消费统计口径，既包括氢气直接消费，也包括氨和甲醇等氢基合成燃料的氢能间接消费。根据本课题的研究重点，《报告》研究范围不包括氢同位素在核聚变领域的应用，以及氢能在军事国防等非商业领域的应用。

从宏观环境看，全球地缘政治格局、国家战略目标、经济社会发展、产业政策导向、科技革命浪潮和资源环境约束等始终处于持续演进的状态之中，大国竞争风起云涌给部分要素的走向带来了更大的不确定性，增加了研判产业发展外部环境的难度。在世纪大变局与能源革命、产业变革相伴发展的背景下，国家安全、产业安全和能源安全问题相互交织，化石能源与非化石能源等不同能源品种的竞合发展存在较大变数，加大了氢能产业关键路径研判的难度。

研究组归纳提炼能源转型与经济社会发展之间的历史规律，结合我国对经济社会发展重大目标的战略预期以及对能源行业发展目标的基本要求，以能源体系在安全稳定、经济高效和绿色低碳方面取得“三角动态平衡”为路径研判的出发点和落脚点，厘清氢能产业发展的主要情景和关键路径，科学设定情景分析的边界条件和参数指标，形成氢能未来需求前景的认识和判断。基于对产业发展规律的初步认识，我们在中国石化经济技术研究院已发布的《中国能源展望 2060》报告的基础上，提出了氢能产业发展未来可能存在的三种情景：

（1）**基准情景**——对应《中国能源展望2060》报告中能源体系的协调发展情景（CDS）。作为《报告》的推荐情景或中情景，基准情景下大国间博弈相对理性，经济发展较为平稳，全球碳中和目标在21世纪60年代实现。中国能源安全风险总体可控，经济社会实现可持续协调发展，能源低碳转型稳步推进。预测期内，氢能发展相关政策比较积极，财政支持较为有力。氢能技术进步速度相对较快，低碳氢能开发成本快速降低，氢能多元应用规模稳步提升，国内碳交易价格以合理适中速度抬升。在此情景下，氢能需求潜力有效挖掘，氢能产业碳减排净贡献相对适中，对我国2060年前实现碳中和目标的支撑力度居中。

（2）**低情景**——对应《中国能源展望2060》报告中能源体系的安全挑战情景（SCS）。在低情景下，大国博弈对抗风险加剧，全球经济发展严重承压，能源安全风险激增，国际能源交流与合作处于较低水平，全球碳中和目标延迟到21世纪70年代甚至更晚期实现。中国能源转型面临的外部环境复杂严峻，我国对确保能源安全稳定和经济高效的要求更高，能源绿色低碳转型偏向选择更稳妥、更具技术经济性，且能确保经济社会稳健发展的路径。国内氢能政策扶持力度相对有限，技术进展速度偏缓，氢能国际合作机制不畅，氢能产业内外部市场相对分割，国内碳交易价格提升速度相对较慢，一些在全过程能效和成本上缺乏竞争力的低碳氢能应用难以广泛部署或部署相对较晚。在此情景下，氢能需求潜力未得到充分挖掘，氢能产业碳减排净贡献相对较低，对我国2060年前实现碳中和目标的支撑力度较弱。

（3）**高情景**——对应《中国能源展望2060》报告中能源体系的绿色紧迫情景（GUS）。在高情景下，大国间良性竞合发展，全球经济持续健康发展，各国积极开展能源技术交流与合作，全球到21世纪50年代实现碳中和发展目标。中国能源安全风险相对中性，我国经济社会发展对能源成本的包容性更强，能源转型路径选择更注重本质低碳。氢能产业政策扶持力度更强，关键技术加速突破，高水平开展氢能国际合作，氢能内外部市场充分打通。国内碳交易价格抬升速度更快。在此情景下，氢能需求较基准情景进一步跃升，氢能产业碳减排净贡献相对较高，助力我国2060年前实现碳中和目标的支撑力度较强。

从产业自身看，无论在何种情景之下，氢能要在碳中和进程中发挥重要作用，都必须持续降低氢能开发利用成本，不断提升氢能在关键减碳路径中的整体能效，在难脱碳领域形成较强竞争力。同时，无论在何种能源转型路径中，氢能都具备一定的技术适用性，能够通过自身的绿色低碳转型和多元化应用，为我国构建新型能源体系，实现能源系统的绿色低碳和安全稳定贡献力量。

整体判断，“双碳”目标将对中国氢能产业发展产生巨大推动效应。从碳达峰到实现碳中和，我国年均新增的CO_2减排量须达3亿吨，将为氢能发展带来重大机遇。初步测算，在基准情景下，我国氢能需求[②]规模将从2020年的3173万吨增至2030年的3810万吨，到2050年达到约6800万吨，到2060年增至约8600万吨，届时氢能占终端能

② 《报告》中的需求=消费+净出口。

源消费的比重将达到 12%。

氢气供给侧方面。从目前到 2060 年的预测期内，灰氢减碳转型和绿氢规模发展是行业发展主线。一是化石能源制氢规模将在“双碳”政策约束和碳价上行等因素制约下，于 2030 年前达峰后逐步下行。2020 年我国化石能源专门制氢规模约 2500 万吨，占全国氢气总产量的 78%；2030 年后，化石能源专门制氢量将从 2800 多万吨峰值逐步下行，到 2050 年降至峰值水平的一半以下，直至 2060 年灰氢基本退出，剩余约 600 万吨产量将全部为配套碳捕集装置的蓝氢，相当于 2020 年化石能源专门制氢规模的 1/4。二是可再生能源制氢将逐步成长为我国的主力氢源。随着我国可再生能源的规模发展，以及绿电制氢技术装备的快速迭代，可再生氢规模将保持较快增长，到 2040 年前可再生能源占我国专门制氢用能的比重将增至 50%，到 2060 年我国专门制氢的用能结构将转变为化石能源占比 7%，非化石能源占比 93%，其中可再生能源占比将突破 80%，风能太阳能制氢占专门制氢总量的比重达 2/3。到 2060 年我国专门制氢产量将达约 8300 万吨，其中，可再生能源制氢规模约 7300 万吨。

氢能需求侧方面。在《报告》提出的高中低三种情景下，氢能消费领域都将趋于多元化。工业用氢规模稳健增长，从化工和炼油等传统领域向冶金、建材等新兴领域有效拓展，形成深度脱碳解决方案，助力打造中国特色新型工业体系。交通用氢规模快速提升，与纯电动交通携手打造“零碳”交通体系。建筑用氢将为城镇碳中和提供关键力量，助力构建“冷热电气氢”多能融合终端服务体系，并在零碳建筑建设中发挥重要作用。从远期看，电力用氢将匹配高比例波动性电力系统下的长时储能和应急调峰等需要，在新型电力系统中发挥重要作用。

在预测期内，氢能将在终端领域逐步实现多元化应用，氢经济规模持续壮大。2020 年，氢能消费基本以工业部门为主，占比约 95%，电力部门占 3%，交通和建筑部门各占 1%。到 2030 年，氢能消费结构将转变为工业部门占比 94%，电力部门占 3%，交通部门占 2%，建筑部门占 1%，这期间因氢能在新兴领域应用经济性不足，行业企业主要开展技术攻关和示范应用，氢能交通进展相对较快。到 2060 年，工业部门氢能消费比重将逐步降低，交通和其他部门的氢能消费比重稳步增长。分情景看，2060 年我国氢能需求总量以及在工业（不含发电）、交通、电力及建筑和农业部门的消费比重将分别为：基准情景——8600 万吨，57%、28%、10% 和 5%，高情景——10200 万吨，54%、31%、10% 和 5%，以及低情景——7500 万吨，62%、25%、8% 和 5%。

我国氢能产业将完成从碳排放大户到碳中和解决方案重要贡献者的角色转换。2020 年我国化石能源专门制氢的 CO_2 排放量近 5 亿吨，约占全国能源活动相关 CO_2 排放总量的 5%。2030 年后，氢能多元应用将推动其在终端消费侧的 CO_2 减排效用快速突破 1 亿吨大关；到 2045 年进一步增至 4 亿吨，超越同期供给侧专门制氢的碳排放量，氢能产业发展将进入对我国实现碳中和目标做出净贡献的新阶段。到 2060 年，氢能在消费侧的年度碳减排效用将达 7.8 亿吨 CO_2，扣除当年供给侧蓝氢生产捕集封存的 CO_2，最终可形成约 6.2 亿吨 CO_2 的净碳减排贡献（低情景和高情景分别为 4.1 亿和 7.6 亿吨 CO_2）。

我国将氢能定位为未来国家能源体系的重要组成部分，氢能产业被列入战略性新兴产业和未来产业重要发展方向。氢能产业的高质量发展需要建设三大基石，一是供给侧的氢气生产减碳降本，逐步实现低碳化、低成本化和制氢技术多元化，为下游扩大低碳氢应用提供资源保障；二是消费侧的氢能应用多元高效，扩大应用场景、降低部署成本和提升过程能效是发展关键，工业原料和燃料以及交通、发电和建筑燃料是低碳氢能应用的主要方向；三是在中间环节，搭建连接供给侧和消费侧的氢储运“桥梁”，形成满足集中式与分布式制用氢需要、规模化和分散化储氢相结合、长距离和中短距离输氢相结合、灵活高效的氢储运基础设施网络，降低储运成本，破解低碳氢能应用难题。

回顾人类社会开发利用氢能的历史进程，氢气的角色正在从工业原料向零碳燃料和储能介质拓展演变。氢能发展正在逐步摆脱对化石能源制氢的“化氢”耦合传统路径的依赖，打开可再生电力制氢的“电氢”耦合新路径，并在终端部门实现对化石燃料和原料的深度替代，成为零碳社会能源供给消费体系的重要组成部分。新一轮工业革命点燃了氢能科技创新的“圣火”，碳中和目标赋予了氢能产业转型发展的新动能，在终端部门以可再生二次能源为主导能源的“电氢崛起”，将是能源体系变革的重要标志，未来 10 年将是低碳氢能从导入期走向商业化应用的关键阶段，电氢一体化生产、氢能基础设施和氢基碳中和解决方案等将逐步走向成熟；再用 15

年时间，低碳氢能有望在各主要应用领域实现规模化部署，成为助力我国实现碳中和目标的重要力量。

在国家战略和产业政策的引导下，产业界要加强协同攻关和持续创新，推动氢能在我国能源转型进程中发挥重要“助手”作用，打造清洁低碳、安全高效的氢能供给消费体系，更好实现对传统化石能源的安全可靠替代，以更可持续的能源推动经济社会发展，担当好推动氢能在我国新一轮工业革命和产业变革中发挥关键作用的光荣使命。

目录 contents

01 第1章 全球氢能产业发展历程及启示

02 第2章 我国氢能产业发展的基本脉络和发展方位

第3章 氢能需求预测方法和发展路径研判

第4章 我国氢能消费前景展望

第5章 氢能产业关键环节技术经济性展望

第6章 氢能产业用能结构及远期碳减排潜力

第7章 结语和建议

附录

第1章 全球氢能产业发展历程及启示

Prolouge 引言

氢能是氢在物理化学变化过程中释放的能量。氢在地球上分布广泛，在地壳中的质量丰度为0.14%①，列各种元素第十位，氢主要以化合态存在于水和有机物等物质中，地壳和大气层中仅存在极少量游离状态氢，人类社会使用的绝大部分氢气需要由其他能源制取，原料多来自化石能源和水，属于二次能源。氢能兼具工业原料、低碳燃料和储能介质等多重属性，氢能产业涵盖氢气制取、储运、转化和应用以及相关装备制造等重要环节，既是传统工业体系的重要组成部分，也是战略性新兴产业的重要发展方向。

1.1 氢能产业发展历程回顾及规律特点

人类社会发现和利用氢气已有数百年历史。氢能产业②在历次工业革命中表现出了不同的特点，发展动力不断演变。进入21世纪，伴随新一轮工业革命和产业变革，氢能作为最具潜力的零碳二次能源之一，受到全球范围的高度重视。

① 氢构成宇宙中普通物质总质量的约75%。最新的观测结果表明，由氢、氦等原子构成的普通物质只占宇宙总量的4.9%，暗物质约占宇宙总量的26.8%，是普通物质的5倍多。其余68.3%为既非物质也非光的“暗能量”。在地球上，氢在地壳中的原子丰度为15.4%，质量丰度为0.14%。

② 《报告》研究的氢能产业，既包括传统的氢气燃料和工业原料，同时还涵盖了氨、甲醇等氢基替代燃料或化学品。

1.1.1 19世纪初，氢气商业化应用发端于建筑部门，此后在两次工业革命进程中，氢气消费重心逐步从建筑和交通等领域转向工业领域。在此期间，早期电解水制氢逐步被更具成本竞争力的化石能源专门制氢所取代

氢能产业发展史可追溯到18世纪60年代。第一次工业革命期间（18世纪60年代—19世纪40年代）人类社会开始了解和使用氢气，城镇照明用人工煤气打开了氢气商业应用的大门。1766年英国科学家亨利 · 卡文迪许发现了“可燃气体”（氢气），并发表了关于人造空气的论文，这被认为是人类了解氢气的开端。第一次工业革命带动冶铁业大发展后，为更好利用炼焦副产煤气资源（主要成分为氢气和一氧化碳），燃气照明行业应运而生，1812年英国率先成立了城市煤气公司，为街道及室内照明提供商品燃气，各国普及推广煤气灯等便捷服务基础设施，推动了近代社会城镇化进程。19世纪80年代电灯出现后，人工煤气逐步退出城镇照明用能市场，转为用作供暖和炊事燃料。这一时期，氢气商品化需求主要来自建筑部门的城镇燃气，制取原料以煤炭为主，经煤气管网输送并使用。

第二次工业革命期间（19世纪70年代—20世纪初），氢气作为商业飞艇填充气在交通部门的应用可谓昙花一现，伴随化工行业等新兴产业的出现，工业部门逐步取代建筑部门成为最大的氢气消费部门。交通领域方面，氢气因为在常温常压下密度最低，早期被用作商业飞

艇的填充气，1910 年德国开启了氢气飞艇的商业载客运营，20 世纪 30 年代初跨大西洋航线达到运营巅峰，直到 1937 年因兴登堡号飞艇空难事故戛然而止，该起事件也是人类利用氢气历程中出现的重大安全事故之一，氢安全问题由此进入公众视野，此后，氢气基本退出了在交通部门的规模化商业应用。化工领域方面，氢气需求主要来自合成氨和甲醇。1912 年德国利用哈伯－博施法合成氨生产工艺，建成了首套工业装置，随后在多国产能扩张的带动下，1949 年全球合成氨产量达到 553 万吨，带动全球化工原料用氢量迈上 100 万吨台阶。同时，德国于 1923 年建成首套以氢气和一氧化碳（即合成气）为原料的高压法甲醇生产工业装置，该工艺逐步演化为甲醇生产主流工艺并延续至今。此外，德国于 1927 年建成了世界首座煤直接液化工厂，利用煤加氢液化技术制取液体燃料，氢气逐步成为煤化工行业的重要原料。1938 年德国在莱茵－鲁尔地区建设了世界首条氢气长输管线，管道长 240 千米，主要服务合成氨等化工企业。这一时期，化工原料成为氢气最大的消费领域。

第三次工业革命早期（20 世纪 50 年代—70 年代），炼油行业作为新兴产业快速发展，与合成氨和甲醇一起成为拉动工业用氢需求的重要力量。20 世纪 50 年代炼油行业开始使用以氢气为加氢原料的加氢精制和加氢裂化等新技术，60 年代催化重整技术得到普及，在生产高辛烷值汽油的同时副产大量廉价氢气，促使加氢精制等应用日益广泛，成为生产清洁燃料、提升油品品质的关键技术。据国际能源署

（IEA）统计，1975 年全球氢气消费量达 2700 多万吨，分消费领域看，氢气主要用作工业原料和燃料，合成氨用氢占比 40%，炼油用氢占比 22%，甲醇用氢占比 4%，其他行业占比 34%，原料多来自化石能源，氢气生产和消费体系基本成形。

在此期间，伴随着氢气需求的快速增长以及化学工业和油气工业的崛起，制氢主导力量完成了从工业副产氢向化石能源专门制氢的转变。19 世纪末，工业部门早期氢源多来自炼焦和氯碱行业的工业副产氢。其中，1893 年美国建成首个电解食盐水的氯碱工厂，主产氯气和氢氧化钠，副产氢用于生产盐酸等化学品或作为工业燃料。到 1900 年，全球约有 400 套电解水装置运行，有相当一部分来自氯碱企业。进入 20 世纪，化工用氢需求快速增长，电解水制氢无法经济有效地满足激增的用氢需求，化石能源专门制氢逐步崛起。1913 年德国申请了首个甲烷重整催化剂专利，并在 20—30 年代研究开发了常压煤气化工艺，这两项技术分别以天然气和煤炭为制氢原料。1931 年美国标准石油公司建成首个蒸汽甲烷重整制氢工业装置。由于电解水制氢成本较高发展空间受限，随着更低成本煤制氢和天然气制氢工业技术被成功开发并推广应用，到 20 世纪中后期大规模电解水制氢基本退出历史舞台，仅在氯碱等少数行业保留，化石能源专门制氢成为产业主导，“化氢耦合”取代“电氢耦合”成为主流制氢技术路径，炼焦、氯碱等工业副产氢成为重要补充。

1.1.2 20世纪70年代后，随着氢经济概念的提出，氢能发展的创新动力逐步由满足工业原料需求向保障能源安全和应对气候变化拓展，历经数次起伏后，发展动力日趋强劲

自氢经济的概念在 20 世纪 70 年代被提出以来，受地缘政治变局、全球能源危机和能源安全问题相互交织，燃料电池技术复杂及应用门槛较高，应对气候变化和能源转型需求日益迫切等多因素综合影响，全球氢能产业发展经历了几起几落。“二战”结束后，氢能产业发展的第一次兴起是在 20 世纪 70 年代，因中东战争引发石油危机，国际原油价格大幅走高，引发了主要工业国对氢能等替代能源的广泛关注，美国、日本和欧洲加大力度研发氢能和燃料电池技术。1970 年美国学者提出了氢经济（Hydrogen Economy）的概念，1974 年国际氢能学会（IAHE）成立，氢能产业发展对全球能源行业的影响力逐步提升。然而，80 年代在非欧佩克产油国石油产量增长的带动下，全球石油供应过剩、油价从高位大幅下行，汽柴油等传统燃料的竞争力回升，氢替代燃料技术则尚不成熟，高应用成本使氢能严重缺乏经济性，在交通等新兴领域的探索应用步入低潮期（见图 1.1）。

图 1.1 国际油价和氢能产业的数次兴衰

注：1900—1944年为美国原油平均价格，1945—1983年为阿拉伯轻质油价格，1984—2022年为布伦特油价。
数据来源：Energy Institute，BP，美国能源信息署（EIA）。

氢能产业的再次兴起始于 20 世纪 90 年代初。这一时期，应对气候变化逐步成为全球性议题，1992 年联合国环境和发展大会通过《联合国气候变化框架公约》，这是首个以全面控制温室气体排放应对全球变暖给人类社会带来不利影响的国际公约。此后，氢能与新能源（即非水可再生能源）等低碳清洁能源技术开发被提上日程，美国重新提高了氢能研究优先级，相继出台《1992 年能源政策法》《1994 年氢能源计划》和《1996 年氢能前景法》。主要国家加大氢能与燃料电池研发投入，一些汽车生产商开始研发氢能汽车并推出验证车型。这期间，氢内燃机汽车研发遭遇早燃、回火等技术难题，更高效的氢燃料电池汽车逐步成为新研发方向，1993 年加拿大成功开发了首辆质子交换膜燃料电池客车。1994 年德国推出欧洲首款燃料电池汽车，更多车企介入燃料电池汽车领域。先发国家积极探索氢能多元应用，2004 年欧洲启动超低二氧化碳排放炼钢计划，包括对氢冶金技术的研究。2008 年日本推出环境和谐型炼铁项目，开发高炉富氢冶炼技术；同年，德国率先实现氢动力客船的商业运营。2010 年意大利建成发电装机达 12 兆瓦的氢燃料发电厂。但受全球金融危机、原油价格自峰值回落、纯电动汽车量产取得突破等因素影响，氢能在新兴领域的应用再次陷入低谷。

氢能产业发展的第三次崛起由 2013 年氢燃料电池汽车实现量产所引发，随后在全球碳中和目标指引下，形成了新的发展热潮。在长期科技投入形成创新成果的支撑下，2013 年韩国汽车商率先实现氢燃料电池汽车量产；同年，日本推出再复兴战略，将发展氢能定为国策，并随后在第四次《能源基本计划》中将氢能定位为与电力和热力并列的核心二次能源，提出了建设氢能社会的愿景。2014 年日本丰田公司成功量产氢燃料电池乘用车“Mirai”（未来）。随着多家车企成功实现氢燃料电池汽车商业化生产，氢能产业再次引起公众关注。

应对气候变化背景下的能源革命成为全球氢能产业发展的主要推动力。2015 年全球 170 多个国家共同签署《巴黎协定》，承诺在 21 世纪携手将全球气温升高幅度控制在 2℃的范围之内。在气候问题推动能源低碳转型及氢能关键技术重大突破的双重驱动下，全球氢能产业再掀发展热潮。2017 年日本在全球率先发布氢能国家战略，提出了 2030 年行动计划和 2050 年发展愿景。截至 2022 年年底，已有 40 多个国家和地区制定发布了国家级氢能发展战略，当年中国、南非等 13 个国家和地区出台了国家级氢能规划。主要工业国积极支持氢能产业发展，加快示范应用步伐，2018 年德国率先开通氢燃料电池客运列车，替代传统柴油动力列车。2019 年德国钢铁厂启动高炉注入氢气试验，开启氢冶金时代。2020 年英国首先完成氢燃料电池商用飞机试飞；韩国建成首个 50 兆瓦氢燃料电池发电站，以工业副产氢为燃料。2022 年日本完成从澳大利亚到日本的液氢船运实证试验。2023 年德国率先完成世界首次液氢驱动载人飞行，挪威率先投用了首艘以液氢为燃料的氢能渡轮。2024 年德国计划开启全球首个氢交易所。全球氢能产业发展热度持续提升，即将进入一个目标更明确、动力更强劲、范围更广泛、影响更深远的全新发展阶段（见表 1.1）。

表 1.1　世界氢能发展趋势

工业革命进程（基本特征 + 主导能源）	第一次工业革命（机械化 + 煤炭）	第二次工业革命（电气化 + 煤炭）	第三次工业革命（数字化 + 石油）	第四次工业革命（智能化 + 非化石能源）
发生时间范围	18 世纪 60 年代—19 世纪 40 年代	19 世纪 70 年代—20 世纪初	20 世纪 50 年代—21 世纪初	21 世纪初至今（2015 年全球提出碳中和目标）
氢能发展动力	冶铁还原剂由木炭转为焦炭，炼焦副产气含氢	合成氨和甲醇生产带来新的用氢需求	炼油行业加氢工艺带来新的用氢需求	终端用能部门深度脱碳等带来新的用氢需求
氢气主要来源	煤炭	煤炭、天然气	煤炭、天然气、石油	化石能源转向非化石能源
主流制氢方式	煤炭焦化副产氢	煤和天然气制氢以及炼焦、氯碱等行业副产氢	煤和天然气制氢以及炼油、炼焦、氯碱等行业副产氢	化石能源制氢向非化石能源制氢转变，到 21 世纪中叶可再生能源制氢将成主流
氢气消费部门	以建筑部门为主	以工业部门为主，部分用于建筑部门	以工业部门为主，在交通等部门探索创新应用	从工业部门向交通、电力和建筑部门拓展
关联新兴产业	炼焦行业	甲醇、合成氨和其他煤化工（如煤制油）等行业	炼油和石化行业	氢冶金、绿氢化工、绿氢炼化、氢能交通、氢能建筑和氢能发电等领域
氢能主要角色	城镇燃气（照明和炊事）	工业原料（用于生产甲醇和合成氨等化学品）	工业原料（用于生产甲醇、合成氨等化学品，以及炼油生产加氢工艺）	工业原料和燃料，以及交通、建筑和发电领域低碳替代燃料

1.1.3 新一轮氢能产业发展热潮下的共性和特性分析：能源革命背景下，技术和政策双轮推动效应明显，碳中和目标加快了氢能产业低碳转型步伐，从源头减碳到终端应用，氢能在新领域的开发利用正在开启实质性发展阶段

近十年来本轮氢能产业热潮的再次兴起，既遵循了此前产业发展蕴含的共同规律，也有其独特之处。共同点在于历次工业革命背景下的能源行业变革、产业技术革命、新兴产业培育仍是关乎氢能产业发展的最主要因素，氢经济发展有望持续拉动氢气需求，同时成长为未来产业的重要一员，不同点则在于本轮工业革命给氢能产业发展带来了新特质新要求：

一是全球能源革命将推动氢能产业绿色发展，为源头减碳提供资源保障。此前数次氢能发展热潮中，新能源行业未成气候，氢能产业对化石能源依赖较重。2022 年全球氢气产量约 1.2 亿吨，包括 9500 万吨经提纯处理后的产品氢[③]和 3000 万吨未提纯的副产氢。从原料结构看，根据国际能源署统计，产品氢中约六成来自天然气专门制氢，两成来自煤专门制氢，其余来自提纯后的炼油石化装置副产氢（间接来自石油），电解水专门制氢比重不到1%。也就是说，当前产品氢的生产用能结构中，

③ 产品氢指氢气来自专门的生产装置，且是主要产品。未提纯副产氢指氢气仅作为生产装置的副产物，该装置主要生产氢气以外的其他产品，且副产的氢气未经提纯处理。

约 99% 来自化石能源制氢（灰氢），带来近 10 亿吨 CO_2 排放量，约占全球能源活动相关碳排放总量的 3%。其他副产氢主要来自炼焦等行业，用能源头也主要来自煤炭等化石能源。未来，氢能的发展定位是低碳清洁能源，不仅要做到终端零碳，还必须做到源头低碳，这将倒逼可再生能源制氢技术进步，全产业链绿色低碳发展将成为新时期氢能产业发展的鲜明特征。

全球能源转型从量变到质变，21 世纪中叶非化石能源将成为主导能源，规模化和低成本化的太阳能和风能等新能源将为绿氢发展提供丰富的能源资源。在碳中和目标下，全球能源体系正从以化石能源为主体的传统体系，转向以非化石能源为主体的新体系，预计 2060 年全球化石和非化石能源消费结构将从 2022 年的 82% ：18% 转变为 30% ：70%，非化石能源尤其是非水可再生能源将步入发展黄金期。与此同时，主要国家对工业部门的碳排放总量和强度约束日趋严格，碳价格持续提升，在此背景下，已有百年历史的电解水制氢技术路线重回行业视野，所用电力则聚焦在可再生能源，行业绿色发展的动力持续增强。随着可再生能源制氢（绿氢）规模的不断壮大，预计到 2060 年，全球非化石能源制氢（含可再生能源和核能制氢）占比将增至 67%，化石能源制氢占比将降至 20%，且多为与碳捕集利用与封存（CCUS）技术结合的脱碳灰氢（蓝氢），其他 13% 来自工业副产氢，这将使全球制氢环节用能结构发生根本性转变。

二是碳中和目标将与科技创新共同推动氢能多元应用，为终端减碳提供解决方案。主要国家提出的碳中和发展目标，赋予了氢能发挥终端消费零碳排优势、助力重点行业实现深度脱碳的新定位，同时也将倒逼氢能应用技术创新，加快形成碳减排解决方案，逐步成长为推动难脱碳行业实现低碳转型的关键力量，氢能在各国碳中和战略中的地位和作用将得到进一步提升。

从现状看，氢气消费主要集中在工业部门，非工业部门用氢规模有限。综合国际能源署等机构发布数据研判，2022 年的全球氢气消费中，以产品形态消费的氢气 99% 用于工业部门（炼油原料用氢占 43%，合成氨原料用氢占 33%，甲醇原料用氢占 17%，氢冶金用氢占 6%），交通等其他部门用氢占比不到 1%；未提纯副产氢则多用作混合燃气的组分，为工业、电力和建筑部门提供燃料。近年来在科技进步和政策扶持下，全球交通、建筑及电力等新兴领域的氢气消费尽管基数较低，但增长较快，例如，2022 年道路交通直接用氢约 3 万吨，同比增长 45%，截至 2022 年年底，全球氢燃料电池汽车保有量及在营加氢站数量已分别超过 7 万辆和 1000 座。

从趋势看，工业部门传统原料领域的氢气消费将保持稳定，而冶金、交通、建筑等新兴领域将成为新的消费增长极。按照全球到 21 世纪中叶实现碳中和发展目标推测，2060 年全球氢能消费总量将超过 5 亿吨，届时消费结构将更加多元，工业部门消费占比将降至约 49%，交通部门占比 35%，建筑部门占比 9%，电力部门占比 6%，氢能将在终端部门碳中和进程中发挥重要作用，对全球减少能源活动相关碳排放量的贡献将达 10% 以上。

三是各国日益重视保障能源安全，氢能在能源体系中的战略地位将得到提升，不仅可为电力系统提供灵活性，还将成为新型能源储备体系的重要组成部分。自2022年俄乌冲突爆发以来，主要国家对地缘政治冲突、能源转型进程和异常气候事件等相互交织可能引发的能源安全问题高度重视，欧盟已明确将氢能列为能源安全战略的新选项。与此同时，近年来以可再生能源为代表的绿色低碳能源发展迅猛，正在成长为能源供给的增量主体，但太阳能和风能利用以波动性、间歇性发电为主，随着光伏和风电装机和发电量占比持续提升，对电网安全稳定运行构成了重大挑战，氢能在提升电力系统运行灵活性、促进多种能源与电能耦合利用和实现长时间尺度平衡调节，进而保障能源体系安全可靠方面的价值将被各方重新认识。

氢能可发挥自身作为新型储能载体的作用，实现可再生能源的跨地区、跨季节储运和利用，与储电、储热（冷）、储气等多种储能技术携手，共同打造碳中和时期的新型能源储备体系，提升能源供给保障的韧性，打开氢能应用新市场。电力部门将通过可再生电力和氢能的“电氢”耦合发展，从更长时间尺度、更大空间范围平抑可再生能源波动性，提高新型电力系统的稳定供电能力，同时有效提升新能源消纳水平。在资源条件和地理位置优越的国家和地区，还可将富余可再生电力经电解水制氢，再转化为氨、甲醇等氢基化学品，实现绿色能源的出口，在全球低碳能源贸易中占得先机。

1.2 全球主要经济体对氢能产业差异化的战略定位

全球 150 多个国家和地区已提出碳中和目标，其中近 30% 制定了氢能国家战略或路线图。主要工业国将发展氢能作为加快能源低碳转型、抢占未来产业制高点、保障国家能源安全、培育经济新增长点的重要抓手，争做氢能产业的全球领导者。由于在资源禀赋、转型压力、创新能力和国内市场空间等方面存在一定差异，不同经济体对氢能产业的战略定位和发展侧重点有所不同。

1.2.1 欧盟和美国将氢能产业作为实现碳中和的重要战略方向，积极提升本土氢能供给能力，扩大国际贸易，争当全球氢能产业发展的“领头羊”

欧盟作为能源转型的先行者，发展氢能产业的主要目的是提升能源保障能力，巩固能源转型领先优势，加快重点行业脱碳步伐，实现碳中和目标。欧盟一直是应对气候变化、减少温室气体排放行动最积极的地区，计划 2030 年将温室气体净排放量较 1990 年水平至少减少 55%，到 2050 年实现净零排放。近年来随着欧盟能源转型步入深水区，碳排放量最大的工业部门面临碳减排难题。为夯实经济振兴根基，重塑工业竞争力并实现脱碳目标，欧盟正在大力支持氢能特别是低碳足迹氢（下称低碳氢）发展，为钢铁、化工等难减排行业提供碳中和解决方案。欧盟 2020 年发布氢能战略，设立了清洁氢能联盟，积极推进氢能产业发展，提出要将氢能在欧洲能源结构中的份额从目前的不足 2% 提高到 2050 年的 13%~14%。欧盟本土能源供给较少，能源对外依存度较高，2020 年近六成能源依赖进口。2022 年俄乌冲突发生后，为摆脱对进口俄罗斯能源的依赖，欧盟推出了“REpower EU”能源计划，明确提出到 2030 年生产 1000 万吨可再生氢，并进口 1000 万吨可再生氢的发展目标，展示了欧盟以可再生氢为载体，加快能源转型步伐，保障自身能源安全的雄心。

美国将氢能视为能源转型的关键方向，自 20 世纪 70 年代以来，长期支持氢能和燃料电池关键技术研发和应用示范，目的就是确保在氢能领域拥有全球领先的技术实力。近年来，美国积极出台新政策支持清洁氢发展，力图驾驭未来产业的主导权。2021 年拜登政府宣布美国计划于 2050 年实现碳中和目标，同年能源部发起了名为“Hydrogen Shot”的氢能科技攻关计划，拟用十年时间将美国清洁氢生产成本从目前的约 5 美元 / 千克降至 2030 年的 1 美元 / 千克。在《通胀削减法案》补贴政策引导下，美国企业发展清洁氢（绿氢 + 蓝氢）的动力大增。从规划目标看，2023 年美国发布的《美国国家清洁氢战略和路线图》提出，在工业部门、重型运输、长期储能和清洁电网等领域切实推进清洁氢商业利用，明确了氢能产业的发展目标：2030 年、2040 年和 2050 年，美国清洁氢年产量将分别达到 1000 万吨、2000 万吨和 5000 万吨，如果上述目标得以实现，通过氢气的清洁低碳生产和应用，到 2050 年可以使美国的温室气体排放量较 2005 年降低约 10%。

1.2.2 沙特阿拉伯等资源型国家利用本土可再生能源等优势，力图到21世纪中叶争抢主要氢能出口国地位

以沙特阿拉伯、澳大利亚为典型代表的资源型国家，拥有丰富的化石能源和可再生能源资源，积极致力于成为低碳氢能生产和出口大国，在碳中和时代保持能源主要出口国的地位。为抓住全球能源加速转型带来的新机遇，澳大利亚、沙特阿拉伯先后发布了涵盖氢能生产和出口的产业扶持政策，与日本等主要能源进口国合作，携手开发氢能市场，争取在氢能国际贸易中占得先机。

澳大利亚 2019 年发布的《国家氢能战略》提出，力争到 2030 年成为全球氢能产业的主要参与者。澳大利亚拥有丰富的能源资源，制氢来源可选项较多，低碳氢能出口贸易首选太阳能发电等可再生能源制氢，其次为化石能源制氢与碳捕集封存（CCS）技术结合。西澳大利亚东南部正在规划建设一个综合性绿色燃料大型项目，配套 50 吉瓦风电和光伏装机，远期规划形成 350 万吨 / 年绿氢产能，预计 2027 年该项目做出最终投资决策。近年来，澳大利亚政府积极推动与日本、韩国等国的氢能产业合作，开拓氢能出口市场。

沙特阿拉伯虽暂未发布氢能国家战略，但明确表示将致力于成为世界最大氢气出口国，并将氢能作为国家长期能源战略的一部分。沙特阿拉伯不仅拥有巨大的天然气储量，同时拥有丰富的太阳能资源，在蓝氢、绿氢生产方面都具备资源优势。该国正在 NEOM 地区的 Oxagon 建设世界级绿氢工厂，计划投资 84 亿美元，整合 4 吉瓦光伏、风电发电和

储能系统，2026 年项目投产后，氢气产量预计可达 600 吨 / 日（约合 22 万吨 / 年）。沙特阿拉伯正在规划建设数个大型绿氢生产基地项目，展现了其未来抢占国际氢能出口市场的雄心。

1.2.3 日本、韩国等创新型国家依托本土技术创新体系，积极提升氢能装备制造、应用部署和国际贸易能力，试图打造未来产业发展的新优势

日本和韩国属于典型的资源匮乏型工业化国家，能源对外依存度长期保持高位，同时本土缺乏丰富的可再生能源资源。为保障能源安全、布局未来产业和实现碳中和目标，正在依托自身制造业基础和技术优势，积极发展氢能产业，探索开发海外氢能资源。

日本是氢能发展的先行者，早在 20 世纪 70 年代就成立了氢能源协会，开展氢能和燃料电池技术攻关，目前拥有的氢能和燃料电池技术相关专利数量位居世界前列，已在氢能制备、转换、储存、加注和燃料电池应用等关键领域形成了较高的技术壁垒。日本在主要工业国家中较早就发布了氢能发展路线图，将发展氢能作为国策，大力推进氢能全产业链发展，积极建设氢能社会。2017 年日本率先发布了国家层面的《氢能基本战略》，发布支持氢能发展的政策措施，积极培育氢能应用场景，明确了 2030 年的氢能发展目标。近年来，为解决国内能源资源匮乏、过度依赖进口化石能源、核电重启困难等问题，同时推进工业深度脱碳进程，日本加快了氢能产业的发展步伐，计划依托氢能科技优势，积极开发海外氢能市场，弥补本土资源潜力不足的短板。日本政府提出，到

2030年要在国内外形成15吉瓦电解水制氢能力，构建全球氢能供应链，充分利用世界范围低成本可再生能源和褐煤等能源，结合电解水制氢和CCS等技术发展低碳氢，通过氢液化或化学转化等技术实现氢能远洋运输，氢气消费规模届时将达300万吨；到2040年和2050年，将分别达到1200万吨和2000万吨。日本2023年最新发布的氢能战略规划特别提出，未来十五年日本将投资15万亿日元（合7500多亿元人民币[4]）推广氢能应用，并将目标应用领域从以往的交通、居民和电力部门进一步拓展到供热、钢铁和石化等难减排行业，为2050年实现碳中和目标奠定基础。

韩国政府长期支持氢能科技研发，2003年将氢能定位为韩国“21世纪前沿科学计划”主攻技术领域之一。2018年韩国政府将氢能经济与人工智能、大数据并列为三大战略投资领域，力争在氢能产业链各环节占得先机；2019年发布《氢经济发展路线图》，提出要在2030年进入氢能社会；2021年公布了旨在发展氢能产业的“氢能领先国家愿景”，争取到2030年构建产能达100万吨的清洁氢能生产体系，并将清洁氢比重目标从之前的40%提升至50%，其远期规划的燃料电池汽车和加氢站目标均位于全球前列。韩国积极发展氢能的主要目的是保障能源安全，同时希望氢能产业能够成为未来经济发展新的增长极，打造氢经济领先国家。与日本相似，韩国也存在资源短板，希望构建海外氢能供给体系，积极与美国、澳大利亚、智利等资源国建立氢能双边或多边合作关系。

④ 以2023年6月30日日元兑换人民币汇率中间价估算，100日元兑换5.0094元人民币。

1.3 全球主要经济体的氢能产业发展政策及启示

全球低碳氢能发展总体上仍处于导入期，各国均围绕其氢能战略目标及侧重点，采取相应的产业政策以促进氢能产业快速发展。

1.3.1 低碳氢能发展处于起步期，加大科技投入不断破解技术瓶颈

从全球看，低碳氢能发展仍处于市场导入期。这主要体现在，氢能在交通、建筑、电力等新兴部门以及工业部门的氢冶金、绿氢炼化等新兴领域的部署和应用仍处于探索阶段，存在诸多瓶颈，绿氢规模制备和氢能创新应用的技术成熟度和装备可靠性有待提升，氢储运基础设施体系尚不成熟。欧美日等发达经济体围绕氢能“制储输用”全产业链加大资金投入力度，力求在重点领域打通氢能应用关键堵点，促进产业发展。例如，欧盟委员会2022年批准了52亿欧元公共资金，为一项名为“IPCEI Hy2Use”的氢能产业化项目提供支持，预计将拉动70亿欧元民间投资，涵盖氢能科技创新、首次工业部署和相关基础设施建设等领域；2023年正式宣布成立“欧洲氢能银行”，目标是缩小氢能投资缺口，链接欧盟内外氢能供需，支持欧盟工业净零法案的实施。美

国2021年颁布的《基础设施投资和就业法案》，授权拨款95亿美元用于清洁氢的研发和示范项目建设等。日本政府依托新能源产业技术综合开发机构（NEDO）设立了2万亿日元的“绿色创新基金”，支持利用可再生能源电解水制氢、大型氢供应链建设等技术创新。这些工业化国家期望在产业导入期，通过加大关键技术环节科技投入，建立并巩固在氢能和燃料电池领域的领先地位。

1.3.2 氢能发展前景需规划引导，实施长效政策有利于稳定企业预期

欧美日等发达经济体均较早发布了国家层面的氢能战略或路线图，并在其中设立了远期战略目标及各时间段的阶段性目标。同时，建立并实施长效政策，为氢能产业发展、市场投资和技术创新提供稳定平台。《美国国家清洁氢战略和路线图》还进一步设立了2050年的量化目标，稳定产业发展预期。除了在国家层面设定远期战略目标，上述各经济体还颁布了一系列财税及投资领域的长效激励政策，欧盟及美国对氢能给予的相关税收减免长达十年，日本最新发布的氢能战略规划也明确了未来十五年对氢能领域的投资计划和方向。

1.3.3 氢能解决方案成本仍较高，亟须多环节发力，突破经济性制约和加快应用场景落地

欧盟和美国按制氢、储运加和终端应用等三个主要产业链环节提供财政补贴，促进氢能全产业链协同发展，加快应用场景落地。

制氢环节，主要针对绿氢生产实施税费抵免和财政直接补贴。欧盟积极支持利用风能和太阳能等可再生能源制氢，对绿氢生产技术开发提供支持，降低电解槽投资成本和可再生电力成本。以 2017 年启动的欧盟 H2Future 可再生氢应用示范项目为例，该项目也是当时全球最大的绿电制氢项目之一，获得了欧盟“地平线 2020”项目的 1800 万欧元补贴。美国 2022 年通过《通胀削减法案》，其中 45Q 和 45V 对氢能提供了长达十年的生产税和投资税减免，符合条件的绿氢项目最高可获 3 美元 / 千克 H_2 的生产税收抵免和 30% 的投资税收抵免。在一些低工业电价的州，补贴后绿氢成本已实现与灰氢、蓝氢平价，竞争力大幅提升。

储运加环节，主要针对输氢管线、加氢站等氢能基础设施建设项目实施税费抵免和补贴政策。欧盟以资本支出补贴、上网电价补贴等方式为大规模储氢、输氢管道和加氢站等基础设施建设提供支持。美国规定储氢设备可享受全额 30% 的投资税抵免至 2032 年年底，之后逐年递减至 22% 和 20% 并于 2035 年到期，每年剩余的税收抵免可结转到下一年的税款中，满足特定含量要求设备可额外享受 10% 投资税收抵免。州级税收抵免可与联邦税收抵免叠加共享。《通胀削减法案》规定加氢

站可获 30% 建造成本或折旧资产 6% 的税收抵免，金额为 3 万 ~10 万美元不等。

终端应用环节，欧盟和美国均主要支持氢燃料电池应用。目前，超过一半的欧盟成员国实施了相关补贴政策，包括登记税优惠、购买补贴、所有者税优惠、公司用车税优惠、非经济福利等。美国联邦政府和加利福尼亚州侧重于消费终端补贴，如造车免税、购车免税、停车免费、政府公车置换补贴等。

综上所述，主要工业国的能源决策者立足氢能产业发展实际，找准氢能在能源变革大潮中的发展定位，推出了匹配各自国情的产业扶持政策。在可预见的未来，主要国家将加速科技革命赋能氢能产业转型升级，推动制度创新激发市场活力，促进交流合作开拓国际市场，以低碳氢特别是可再生氢作为氢能产业助力经济社会实现绿色低碳可持续发展的发力点，把握新一轮工业革命和产业变革的主导权，在大变革时代中赢得战略优势地位。

02

第2章 我国氢能产业发展的基本脉络和发展方位

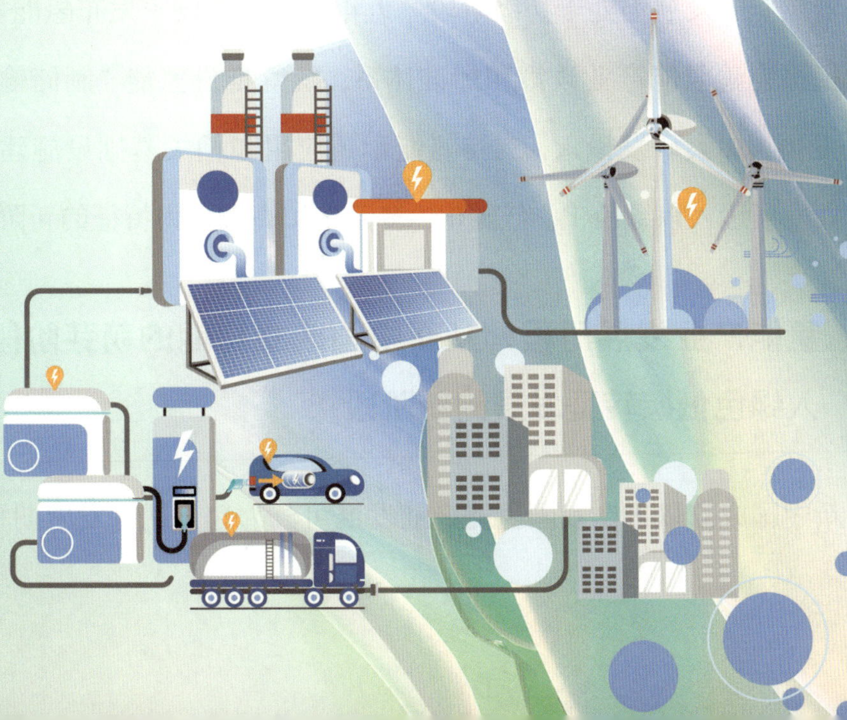

Prolouge 引言

中国是目前全球最大的氢气产销国，具备良好的氢能产业发展基础，正在建立完善氢能产业链体系，拓展多元应用新空间。“双碳”目标下，氢能产业需要锚定自身在新型能源体系中的发展定位，直面存在的短板，不断克服应对能源变革进程中遇到的瓶颈挑战，抓住时代机遇，释放发展潜能，扛起助力主要用能部门实现深度脱碳目标的重任。

2.1 我国氢能产业发展的主要历程

经过数十年发展，我国氢气消费市场规模已跃居世界首位，但氢源主要为灰氢、碳足迹较重，且大部分用作工业原料，仅少部分作为燃料使用，低碳氢能发展仍处于初级阶段。近年来，随着国家发布氢能发展规划，积极完善氢能产业政策和标准体系，统筹推进氢能“制储输用”全链条发展，加大研发投入，支持氢能示范应用和相关基础设施建设，氢能产业发展迈入以绿色化、低碳化、多元化和高端化为特征的新阶段。

2.1.1 氢能产业发展历程：从新中国成立初期的萌芽阶段进入绿色低碳转型发展的新阶段

自新中国成立以来，我国氢能产业发展可分为起步期、发展期和转型期三个阶段，在满足工业生产需求和人民生活用能需要等方面做出了重要贡献。

第一阶段：氢能产业起步期（新中国成立至改革开放前）。氢能产业从无到有，我国初步建立了氢气供给消费体系。这期间，新中国的工业化进程推动氢能消费结构实现了从建筑部门向工业部门的转变，氢气用途从新中国成立初期的主要用作生活燃料转向主要用作工业原料，氢能产业发展处于萌芽阶段。

城镇化和工业化是本阶段推动氢气消费市场不断壮大的主要动力。1949 年我国氢气消费规模约 1 万吨，主要作为合成煤气中的成分使用，用作工业燃料和城镇燃气，少量用作合成氨生产原料。一方面，城镇化进程推动了氢气作为燃料消费的持续增长，新中国成立之初，全国人工煤气[⑤]消费量为 0.38 亿立方米，约含 0.2 万吨氢气，仅上海、大连、鞍山等 9 座城市有煤气供应，用气人口 23 万人，随着城镇建设事业的不断进步，到 1978 年人工煤气消费量猛增至 17.2 亿立方米，约含 8.5 万吨氢气，其中家庭用煤气量 6.7 亿立方米，用气人口达 450 万人。另一方面，工业化进程促成了氢气作为工业原料消费的迅猛增长，合成氨行业是增量的主力军，1949 年全国合成氨产量仅 0.5 万吨，用氢需求不足 0.1 万吨，在化肥工业快速发展的推动下，1965 年合成氨产量突破百万吨、达 148 万吨，1978 年突破千万吨、达 1183 万吨，带动用氢需求 200 多万吨。这期间，航天事业发展也带动了氢能科技进步，20 世纪 60 年代我国液氢技术取得突破，建成了航天用液氢生产工业装置，同期还启动

⑤ 主要成分为一氧化碳和氢气，氢气含量为55%（体积分数）。

了航天用燃料电池研究。到改革开放前，全国氢气消费已达 300 万吨，较新中国成立初期增长了 311 倍，工业部门成为氢气消费的主要部门。

第二阶段：氢能产业发展期（改革开放至 2019 年）。我国氢气供给消费体系逐步完善，市场规模超越美国居世界首位。这期间，氢气大部分在工业部门生产和消费，主要用于合成氨、甲醇和炼油行业，少部分在建筑、交通和电力部门作为燃料。国家牵头组织开展氢能和燃料电池技术攻关，对氢能产业发展的重视程度不断提高。

工业化进程是本阶段推动氢气需求增长的关键因素。20 世纪 80 年代后，我国炼油和石化化工等行业发展进入快车道，一批炼油、石化和化工基地建设项目掀起了投资热潮，带动工业用氢需求快速增长，1988 年我国氢气消费量突破 500 万吨，2002 年突破 1000 万吨大关，超越美国位列全球第一。这一时期，国内制氢方式从以煤制氢为主向天然气制氢等拓展，低碳足迹氢取得新突破，2011 年神华煤制油化工公司依托煤制氢装置建成 10 万吨级二氧化碳捕集液化与封存工程，实现了我国蓝氢生产零的突破。这期间，氢气需求增长主要来自工业原料，合成氨、甲醇和炼油石化行业成为氢气消费的三大工业领域，用氢规模均在 1000 万吨左右，到 2019 年我国氢气消费量突破 3000 万吨，较改革开放前增长了近十倍，稳居全球首位。

氢气在终端部门作为燃料的使用规模保持增长，但不同部门走向出现分化。其中，建筑部门氢气消费多来自人工煤气。人工煤气在 20 世纪 80 年代一度是我国城镇主要气源，消费量在 2008 年达到 363 亿立方米峰值（含氢气约 178 万吨）后快速下行，被更安全的天然气和液化石油气所取代，到 2019 年规模已降至 31 亿立方米，其中约含氢气 15 万吨，不到峰值水平的 10%；电力部门氢气消费主要来自焦炉煤气发电，90 年代末我国发电领域的焦炉煤气消费量突破 10 亿立方米，此后保持上升态势，2019 年增至 208 亿立方米，其中含氢气 100 多万吨；交通部门氢气消费从零起步，2001 年以来在政策引导下进入发展导入期。

氢能交通从早期的科技攻关迈向示范应用阶段。20 世纪 80 年代后，国家相继启动“863”计划和“973”计划，开展氢能和燃料电池技术以及氢内燃机技术的研发工作。90 年代，将车用燃料电池技术和燃料电池汽车列入重大研究计划。2001 年国家启动“863”计划电动汽车重大专项，确立“三纵三横”自主研发技术布局，燃料电池汽车位列三纵之一，开启了我国氢能车的产业化发展之路。

自“十一五”以来，我国对氢能产业的重视程度不断提升。2006 年《国家中长期科学和技术发展规划纲要（2006—2020 年）》将氢能和燃料电池技术列入先进能源技术之一，氢能正式进入国家规划文件。2019 年氢能首次写入《政府工作报告》，国家提出要“推动充电、加氢等设施建设”。

第三阶段：氢能产业转型期（2020 年以来）。2020 年我国提出“双碳”目标后，山东、广东、上海等省区市陆续发布省级氢能产业中长期规划，国家和地方政策利好频出。2022 年我国首次发布国家级氢能产业发展中长期规划，锚定了产业发展的新起点。这期间，国家推出了一系列支持政策，引导行业企业在交通、工业和建筑等新兴领域开展科技创新和氢能应用实践，氢能产业发展的绿色化、低碳化、多元化、标准化和高端化特征更加显著。

从供给侧看。2022 年我国氢气产量约 3500 万吨，占全球总产量的三成，其中纯度达到工业氢质量标准（纯度≥ 99%）的氢气超过 1200 万吨。从制氢工艺情况看，煤直接制氢产量占 65%，天然气直接制氢约占 13%，工业副产氢占 22%⑥，主要来自炼油、炼焦和氯碱等行业的工业装置，绿电专门制氢不到 1%。

低碳足迹氢⑦发展初具雏形。一是绿氢发展势头向好。截至 2022 年年底，全国可再生能源制氢产能达 3 万吨 / 年。到 2023 年上半年，全国已有 19 个绿氢项目签约，投资规模 1400 多亿元，预计全年电解槽需求将首次超过 1 吉瓦。"十四五"时期，我国已披露规划建设的绿氢项目数量多达 300 个，远期总产能超过 400 万吨 / 年，绿氢具备广大发展空间得到行业更广泛认同。二是蓝氢生产取得新突破。2022 年 8 月，我国首个百万吨级 CCUS 项目——中国石化齐鲁石化—胜利油田百万吨级 CCUS 项目进入成熟的商业化运营，其碳源来自齐鲁石化第二化肥厂煤气化装置尾气，按减碳规模折算，年产蓝氢 5 万吨，主要向炼油企业供氢，该厂已成国内最大的蓝氢生产基地。

氢储运基础设施体系建设迈出新步伐。一是氢气管输项目建设提速，输氢管网里程有望大幅增长。截至 2022 年年底，我国氢气管道里程约 400 千米，在用管道 100 千米左右。2022 年以来，内蒙古、宁夏

⑥《报告》将氯碱行业制氢计入工业副产氢，未列入电解水专门制氢。

⑦关于《报告》的低碳足迹氢、绿氢和可再生氢。低碳足迹氢包括绿氢和蓝氢。可再生氢指利用水电、太阳能、风能、生物质能、地热能和海洋能等可再生能源制得的氢，属绿氢。在国家统计部门暂未做明确区分的背景下，《报告》将核能制氢计入绿氢，即绿氢包括可再生氢和核能制氢。从国际上看，欧盟将核能制氢归入低碳足迹氢或低碳氢，但未赋予可再生氢能标签。

等多地启动了输氢管道示范项目，其中，中国石化筹建的“西氢东送”输氢管道示范工程于 2023 年纳入国家规划，管线全长 400 千米，一期运力 10 万吨 / 年，项目建成后将对我国跨区域输氢管网建设起到引领示范作用。二是行业企业积极探索提高商品氢储运效率。国内商品氢运输以高压气氢长管拖车运输为主，储氢容器的压力多为 20 兆帕，水容积 26 立方米运氢车的单次运氢量为 300 千克，不到约 40 吨整车重量的 1%⑧。为此，国内正在开发有更高储运效率的 30 兆帕及以上的高压气氢运输车辆，同时开展低温液态氢储运、固体材料吸附氢储运等示范应用。

从消费侧看。氢能多元应用处于早期探索发展阶段。2022 年全国氢气年消费量约 3500 万吨（见图 2.1），作为工业原料等非燃料用途的消费占比为 93%，燃料用途消费占比仅为 7%。其中，工业部门用氢占比 94%，电力部门占 3%，建筑部门占 2%，交通部门直接用氢占比不到 1%⑨。尽管氢能在新兴领域的应用尚处于起步阶段，但绿氢炼化、氢冶金等工业新应用以及氢能在交通、电力和建筑等非工业部门示范应用的步伐明显加快。

2022 年我国首个风光氢氨一体化示范项目开工建设，首个百万吨级富氢气体竖炉直接还原氢冶金工程示范项目建成投产，首座兆瓦级“电氢电”氢能综合利用示范站投运，首个重型燃机商业机组天然气掺氢发电示范项目投用，首艘甲醇双燃料船舶交付，首列氢能市域列车下线，首艘 500 千瓦级内河氢燃料电池动力工作船开工建造，首台商业化氢内

⑧ 作为对比，水容积8.5立方米油罐车的单次运油量可达6吨，占12吨整车重量的50%以上。
⑨ 当前，我国电力和建筑部门用氢以焦炉煤气或人工煤气为主。2021年用于发电的焦炉煤气达216.4亿立方米，用于城镇燃气的人工煤气达18.7亿立方米，这些煤气中的氢气组分含量超过50%。

燃机重卡发布。2023 年我国首个 2 万吨级光伏绿氢示范项目建成投产，首个 30 吨 / 日大型商用液氢工厂将建成投产（注：亚洲最大，计划年内投产），首个大型煤电机组大比例掺氨燃烧示范工程成果发布，首个掺氢天然气入户项目完成应用示范，首个固体吸附材料储氢项目实现并网发电。随着更多氢能示范应用场景落地，氢气消费领域正在从传统炼油、化工行业向交通、冶金、建筑和发电等新兴领域拓展，氢能在多个终端用能部门的消费比重逐步提升。

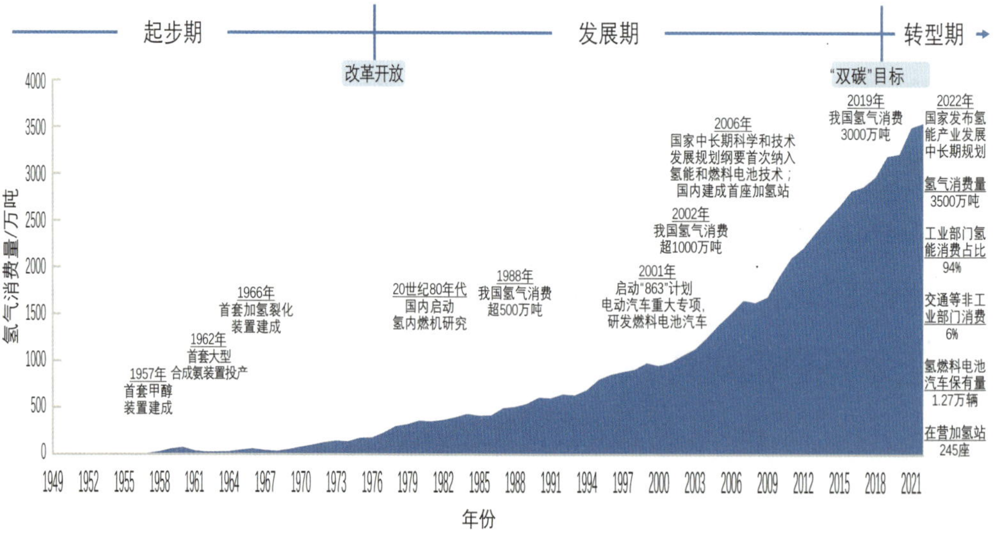

图 2.1　我国氢气消费发展趋势

交通部门是氢能示范应用的重点领域。2021 年国家组织开展京津冀、上海、广东三个燃料电池汽车示范应用城市群建设，后续又增加了河北、河南两个城市群。在国家政策引导下，2022 年交通部门氢气直接消费量已接近 1 万吨。截至 2022 年年底，我国氢燃料电池汽车保有量 1.27

万辆，从车型分布看，氢能卡车占比 52%，公交车占比 40%，轻型商用车占比 6%，乘用车占比 2%。全年氢车新车产销量分别为 3626 辆和 3367 辆，以公交车、货车等商用车为主，示范领域已从前期的公交车向物流车、重型卡车等领域拓展，运营场景不断丰富，我国成为全球氢能商用车规模化示范应用的领军国家。氢车主要分布在珠三角、长三角、京津冀等经济发达地区，以及部分氢源条件优越、用氢成本低且有商业运输需求的地区。加氢站是氢能关键基础设施，截至 2022 年年底，全国累计建成加氢站 358 座，在营加氢站 245 座，占全球在营加氢站总数的近三成，居全球首位。吉林、广东、河北、山东等多个地方政府出台政策文件，鼓励非化工园区可再生能源制氢，探索制氢加氢一体站建设。

氢基合成燃料应用取得新进展。该类燃料主要有甲醇和氨，用于交通、发电等部门。一是甲醇用作车用燃料，自 2012 年我国在山西、陕西等省份开展试点工作以来，截至 2022 年年底，全国甲醇汽车保有量约 2.8 万辆，包括甲醇汽油在内的车用甲醇燃料年消费量超过百万吨。二是甲醇和氨作为船用燃料，国内已投用多艘甲醇燃料船舶，主要用于运输散货、公务船和渔船。2022 年我国自主研发建造的甲醇双燃料船舶实现首航，用于运送化学品或成品油；完成了全球首个基于实船建造项目的氨燃料拖轮设计 AIP 认可（原理性认可）和国内首个船用四冲程发动机氨燃料供应系统 AIP 认可工作；同年，中国船级社发布《船舶应用甲醇 / 乙醇燃料指南》《船舶应用氨燃料指南》2022 版，积极推动氢基燃料在航运业的应用。三是氨用作发电燃料，2023 年我国发电企业在 300 兆瓦燃煤机组上完成了大比例掺氨燃烧试验，掺氨比例最高达到 35%，燃煤电厂掺氨降碳技术进入工业示范应用阶段。

氢能标准体系方面。近年来我国氢能和燃料电池相关标准制修订工作明显提速。据有关方面统计，截至 2022 年年底，我国已发布氢能相关国家标准 102 项、行业标准 30 项、团体标准 136 项，正在加快制修订氢安全、制备、储存、运输、加注和应用等技术要求和检验规范，不断完善氢能技术标准体系和安全监管制度，2023 年国家发布《氢能产业标准体系建设指南（2023 版）》以及《氢系统安全的基本要求》等国家标准，加快完善氢能产业标准体系，规范氢能“制储输用”系统设计和安全风险防控工作，为产业发展保驾护航。

2.1.2 氢能产业政策体系：“1+N”政策指引氢能产业发展方向

党和国家对氢能产业发展高度重视，已将氢能纳入国家能源战略和管理体系。2019 年国家能源委员会会议提出，要加快能源开发利用关键技术和重大装备攻关，探索先进储能、氢能等商业化路径。2020 年国家能源局公布《中华人民共和国能源法（征求意见稿）》，氢能被列入能源范畴，同年，国家统计局将氢气作为能源品种纳入能源统计报表范畴。

“1+N”政策体系对氢能产业发展提出了明确要求。2020 年我国提出“双碳”目标后，国家出台一系列重要文件，形成了碳达峰碳中和政策和行动保障体系，明确指出了氢能产业的发展方向。作为我国推进“双碳”工作的顶层设计文件，2021 年发布的《中共中央 国务院关于完整准确全面贯彻新发展理念做好碳达峰碳中和工作的意见》提出，统筹推进氢能“制储输用”全链条发展，加强氢能生产、储存、应用关键技术研发、示范和规模化应用；《“十四五”能源领域科技创新规划》将氢能及燃料电池技术列为“十四五”期间能源技术装备的主攻方向和重点任务。

国家发布氢能产业规划顶层设计文件，明确了氢能发展战略定位和中长期目标。2022 年国家发展改革委、国家能源局发布《氢能产业发展中长期规划（2021—2035）》，强调了氢能作为工业原料和能源的属性，在我国能源绿色低碳转型中的战略定位，以及对保障我国能源安全、构建新型能源体系、推动能源绿色低碳转型的战略意义，描绘了我国氢能产业中长期发展的蓝图。

在国家和地方政策引导支持下，近年来氢能产业发展明显提速。中央各部委和地方政府出台了一系列产业配套政策，涉及氢能技术攻关、财政支持、税收优惠等多方面内容，既明确了氢能发展的方向路径，有利于各市场主体把握氢能产业战略方向，又有效调动了地方政府、企业、科研机构的积极性，形成了推动氢能产业高质量发展的工作合力。国家通过打造燃料电池汽车示范城市群、引进氢能科技创新重大项目等方式，积极引导产业健康发展，氢车推广扶持政策用“以奖代补”方式进行，更侧重突破核心材料和关键装备技术瓶颈而非单纯做大产业规模，形成了显著的区域集聚效应，呈现多元发展的特点。

我国氢能产业政策体系建设虽已取得一定成效，但与有效达成保障能源安全、实现“双碳”目标和产业转型升级的战略要求相比，仍有一定提升空间。从国家层面看，仍需进一步夯实支持氢能产业发展的专项政策体系以及跨领域协作和跨部门协调机制，进一步明确氢能政府主管部门和管理体制机制，不断完善氢能相关法律法规、安全监管制度和标准规范体系，持续加大对氢能产业链关键环节的财政支持力度，提振市场主体发展信心。

2.2 当前氢能产业发展面临的主要瓶颈

我国氢能产业发展已取得积极进展，但低碳氢能发展基础尚不稳固。从产业链角度看，主要面临三大瓶颈：供给端绿色低碳转型压力大，需求端新兴场景落地增效难，以及氢能储运环节基础薄弱。受经济性等因素制约，低碳氢能尚难以在碳减排进程中发挥决定性作用，亟须打通产业链关键堵点，为在碳中和阶段能够发挥更大作用奠定良好基础。

2.2.1 氢源结构以化石能源制氢为主，煤制氢规模大、碳排放强度高，绿氢供给处于起步阶段，技术水平及生产规模有待提升

从供给侧看，灰氢生产成本较低，但面临碳排放规模大和强度高等瓶颈。2022 年我国化石能源专门制氢环节排放约 5.2 亿吨 CO_2，占全国

能源活动相关碳排放总量的 5%。从生产成本和碳排放强度看，国内煤制氢成本为 9~13 元 / 千克 H_2（折旧法成本），对应煤价区间 550~900 元 / 吨（未考虑碳价格），生产 1 千克 H_2 的碳排放强度为 17~22 千克 CO_2，具体水平与制氢工艺和用能结构等有关；天然气制氢成本为 15~22 元 / 千克 H_2，对应气价区间 2.5~4 元 / 米^3（标准），生产 1 千克 H_2 的碳排放强度为 9~11 千克 CO_2。从国内示范项目运行情况看，灰氢配碳捕集封存设施制取蓝氢的成本较高。绿氢生产则面临产能规模小、装置利用率不足和供需错配等难题，全链条应用成本较高，约为煤制氢（未配套 CCS）的两倍以上，亟须在导入期得到政策支持，为产业降本提供时间窗口。与灰氢相比，绿氢的成本竞争力明显不足，主要原因来自以下三个方面：

一是绿氢生产装置规模远不及灰氢。煤或天然气制氢的单厂规模大、单套装置产能高，基于绿电的电解水制氢单厂规模偏小、单套装置产能偏低。大型煤制氢工厂工艺成熟可靠，氢气年产能可达 14 万吨，约合 20 万米^3(标准) / 时，单台大型气化炉的有效产气量可达 10 万米^3(标准) / 时，其中氢气体积含量约为四成，配套的大型变压吸附（PSA）提纯装置的氢气产能可达 10 万米^3（标准）/ 时。当前，电解水制氢单厂每年的制氢规模多为千吨到万吨级，合 0.1 万 ~2 万米^3（标准）/ 时，单台碱性电解槽制氢能力多在 1000~2000 米^3（标准）/ 时范围，仅相当于单台煤气化炉氢气产量的 1/40~1/20，绿氢生产技术装备水平和运行可靠性有待提升。

二是绿氢生产装置运行效率不及灰氢。灰氢装置利用率和年运行小时数高，绿氢装置利用率和年运行小时数尚难以匹配工业部门高稳定长周期用氢需求。目前，化石能源制氢装置年运行小时数可达8000，绿电制氢装置的年运行小时数通常低于5000，这主要是因为绿氢生产用能主要来自可再生能源。以电解水制氢工艺为例，仅依靠离网风光发电制氢，不使用储能技术，单纯依靠风光发电制氢，将受绿电年发电小时数的制约[⑩]，如果配置一定规模储能设施，虽可满足传统工业企业长周期用氢需求，但将进一步增加制氢成本。如果使用网电，目前国内多数地区网电的化石能源发电占比较高，网电制氢碳足迹较重，每千克氢气的碳足迹平均约为30千克CO_2[⑪]，高于煤直接制氢。因此，现阶段大规模发展网电制氢不利于碳减排，需根据制氢环节用能情况，科学评价氢能应用全链条碳足迹。

三是绿氢应用方案的部署难度高于灰氢。灰氢生产体系更易于贴近用户侧部署，绿氢产销衔接则要面对绿氢资源和用氢需求错位分布带来的储运难题。灰氢生产用能主要来自煤和天然气，在便捷高效的化石能源储运体系支撑下，更易于贴近用户侧部署生产装置，实现大规模、长周期、稳态化的工业生产，满足下游用氢需要。相比之下，我国陆上风光资源呈现“西富东贫、北多南少”的特点，绿氢资源富集区主要位于“三北”和西南地区，氢气消费市场则多位于东部或北方煤炭资源富集地区，海上风电虽距离东部消费地较近，但开发利用成本相对较高，而内蒙古、陕西等北方主要氢气消费地区虽可在一定程

---

⑩ 现阶段，单个光伏电站年有效运行小时数大多介于1000~2000，陆上风电年有效运行小时数为2000~3000，风光发电联合供电，年运行小时数通常低于5000。

⑪ 2022年度全国电网平均排放因子为每兆瓦时0.5703吨CO_2。

度上实现绿电资源与绿氢应用耦合发展，但受绿电制氢运营效率等因素制约，绿氢同样面临当地低成本灰氢的强有力竞争，需要政府科学引导、有序开展绿氢项目建设，并对示范项目给予一定政策支持；东部沿海地区存在较大的绿氢资源与用氢市场错位分布问题，除给予一定政策支持外，还需要打破氢储运环节的发展瓶颈。

综上所述，我国低碳氢制取尚处于起步阶段。绿氢与灰氢相比成本竞争力不足。以交通部门为例，如果不计政策补贴，部分地区的全链条交通用绿氢成本，即涵盖“制氢＋储运＋使用”的成本，可达当地灰氢的3倍或更高，亟须在导入期获取更多长效性政策支持，稳定企业发展预期。

2.2.2 氢能应用场景有待丰富，基于低碳氢能的减碳方案缺乏比较竞争力，加之当前碳价水平相对较低，氢能在难减碳领域实现深度脱碳的渗透率不高

从消费侧看，当前氢气消费集中在传统工业领域，在新兴领域应用较少，需要在难脱碳重点领域进行政策引导，支持先行企业形成可推广的商业解决方案。交通部门的氢能应用市场潜力仅次于工业部门，但当前氢能交通解决方案成本较高，而国内碳价格水平相对较低，氢能交通减碳的市场价值难以得到体现，替代应用成本难以疏导，氢能交通与燃油交通或纯电动交通展开直接竞争时缺乏比较优势，需要聚焦产业链堵点难点综合施策，支持氢能交通应用场景落地，推动“氢车（船）—氢源—氢站”协同发展。

一是氢能交通工具使用成本高，氢能交通应用场景难以大范围推广。以氢燃料电池汽车为例，目前动力电池技术日趋成熟，纯电动乘用车已能在无补贴的条件下与燃油车开展直接竞争，而国内氢燃料电池技术仍处于前期探索阶段，氢车使用成本较高，后者主要由车辆和燃料成本构成。车辆成本方面，以重卡为例，如果不计补贴，氢燃料电池重卡购置成本为同级别柴油重卡的 3~4 倍，高出部分主要来自燃料电池系统和高压储氢系统；燃料成本方面，即加氢站供氢价格，国内终端供氢成本多在 50~60 元 / 千克 H_2 范围或更高，高于 30 元 / 千克的氢油或氢电平衡成本。这导致燃料电池重卡的使用成本（购车 + 燃料等成本）为柴油重卡的 2 倍以上，加上"以氢减碳"的价值链尚未打通，氢能交通将与纯电动交通等实现多元发展，应用领域偏向中远途、中重型交通以及北方冬季寒冷地区等难电动化的应用场景。

二是氢站服务场景较难稳定运营，终端环节供氢成本较高。当前氢车渗透率和保有量相对较低，而终端站点氢气采购成本较高，部分地区加氢站经营较为困难。一方面，我国氢车保有量以商用车为主，但氢车运营成本较高，与柴油车相比缺乏竞争力，导致商业运营的稳定性不佳，加之一些地区氢能补贴政策缺乏长效机制，运输企业经营压力较大，对氢价敏感程度较高，难以承受高气价。另一方面，交通用氢需求规模有限，加氢基础设施负荷率不高。2022 年年底全国氢燃料电池汽车保有量 1 万余辆，仅占全国新能源汽车保有量 1310 万辆的 0.1%，市场渗透率不及行业预期，氢车保有量与在营加氢站数量比约为 49∶1，低于同期全球平均水平（92∶1），部分加氢站负荷率不足，加上建站投资高，日加氢能力 500 千克加氢站单站投资成本 1000 万~1500 万元，且国内氢源相对分散导致氢储运环节成本较高，使得终端供氢成本居高不下，终端站点多以油氢合建站方式分摊运营成本，否则难以持续运转。行业内将部分加氢站投用后运营相对困难的前十年左右时间比喻为穿越“死亡谷”，典型特点是“一高两低”——投资运营成本高，服务氢车规模低，日加氢量或设备利用率低，实现盈利需经历较长时间考验。其间，需做到氢气制储运方式与应用场景匹配，加氢站规模与氢车规模匹配，同时给予一定政策补贴，才能让加氢站度过经营困难期，再随着氢车规模增长和供氢成本的下降，加氢站的盈利情况将逐步改善。

三是相较于国家对氢能交通提供的扶持政策，对绿氢工业应用的支持力度有待加强。为使我国工业部门顺利实现“净零”发展目标，未来 5~10 年必须加快形成工业深度脱碳解决方案，但目前绿氢工业应用成本仍较高，亟须国家和地方政府及时出台财税等支持政策，激励重点企业开发绿氢示范项目，引导企业加大投资、突破路径依赖，在绿氢工业应用关键领域优布局、上规模、提水平，通过加快绿色低碳转型步伐推动我国新型工业化进程，赢得新一轮全球工业竞赛的主动权。

2.2.3 氢储运体系建设尚处于起步阶段，基础设施匹配度低

当前国内商品氢跨区域、长距离贸易量较小，占氢气消费总量比重较低。主要原因在于，相较煤炭、石油和天然气等传统能源，氢气难

以低成本实现大规模储存和长距离输送。氢气体积能量密度很低，标准状态⑫下氢的体积能量密度为天然气的 1/3（以低位热值计，下同）、煤炭的 1/1700（烟煤，以散密度 0.95 克 / 厘米^{3}测算），以及汽油的 1/3000。此外，氢气难以压缩和液化，将其从常压压缩到 35 兆帕的能耗为每千克氢气 3~5 千瓦时，相当于氢气低位热值的 9% 以上，氢的液化温度为 -253℃，远低于天然气（-162℃），氢气液化过程的能耗高达每千克氢气 10~15 千瓦时，相当于氢气低位热值的 30% 以上。以上这些因素导致氢储运成本居高不下。从工业部门氢储运体系上看，灰氢和绿氢之间也存在一定差异：

一是现有工业大规模制氢和用氢企业的主体通常相同或有紧密关联，较易实现产销统筹衔接，且无须配套大型氢储运设施。工业用氢以灰氢和副产氢为主，利用化石能源易储运的特点，可将煤炭或天然气制氢装置及下游用氢设施在厂区内紧邻配置，该成熟商业模式的优点是绝大部分工业用氢是就地生产消费，多数化工厂或炼油厂的氢气为自产自用、现产现用，或由紧邻制氢装置供氢。大型企业年用氢规模在万吨级，甚至超十万吨，氢气主要以低压、短距离管道方式输送，无须配套超高压、长距离、大规模氢储运基础设施。当前工业用灰氢的储运成本占工业用氢总成本的比重极低，原因就是以低成本的化石原料储运取代了高成本的氢储运。

---

⑫ 国际上，1954年第十届国际计量大会（CGPM）协议的标准状态是温度273.15开（0℃），压强1.01325×10^5帕，世界各国科技领域广泛采用这一标态。我国发布的GB/T 24499—2009《氢气、氢能与氢能系统术语》（现行）第2.27条规定，气体的标准状态是273.15开和1.01325×10^5帕，与国际标准一致。

二是工业部门小规模用氢企业和非工业部门用氢企业通常外购商品氢，必须建立氢储运体系实现产销衔接。以交通用氢为例，上游制氢主体和终端供氢主体通常不同，受制氢必须在化工园区的行业政策约束，除已发布放松政策的少部分地区外，多数地区难以实现站内制氢，需构建储运链条才能打通氢源到氢站的产业链。为提升储运效率，并与装载了高压储氢瓶的氢车相匹配，交通部门的氢储运压力为 20 兆帕或更高，远高于工业部门（通常低于 4 兆帕），单座加氢站的年供氢能力多在千吨级以下，在体量上也不及大工业用户的万吨级及以上，这导致交通用氢的储运成本通常可占终端用氢总成本的 20%~30%，远高于工业部门。

三是氢储运环节难以实现低碳氢能在交通等新领域的供需匹配优化，支撑规模化发展需要。现有商品氢储运体系主要基于化石能源制氢或工业副产氢。氢资源长途调运方面，西北绿氢资源富集区和东部氢气消费集中区呈逆向分布，现阶段缺乏支持氢气长距离、规模化输送的基础设施。氢能本地化利用方面，国内在营加氢站以 35 兆帕气态加氢站为主，70 兆帕加氢站占比较小，受法规限制，前者主要配置 20 兆帕储氢压力的运氢车，运输环节效率不高。更高效的液氢加氢站[13]、制氢加氢一体站建设运营经验不足。从整体看，在氢能产业的新兴应用领域，氢能基础设施缺乏、氢储运环节效率不高的现象较为普遍。

⑬ 以一座典型的储氢加氢站为例，如采用高压氢气集束管车储氢，储运压力20~70 兆帕，通常站内储氢量300~1000千克，占地面积60~80平方米；如采用低温液氢储罐，工作压力1~1.3 巴，站内储氢量400~6000千克，占地面积仅15~30平方米。

2.2.4 产业链关键环节氢能技术装备自主化、国产化水平有待提高

当前我国氢能产业链的自主可控能力有待提升，关键核心技术水平与国际先进水平相比仍有一定差距。一是要提高关键核心零部件和基础材料的国产化替代水平。目前，国内市场燃料电池双极板、贵金属催化剂、质子交换膜、碳纸、空压机、氢气循环泵及压缩机、部分管道及阀门等关键材料或高端装备在一定程度上仍依赖进口，面临技术封锁和贸易管控的潜在风险，需要加强自主攻关，补齐发展短板。二是要提高国产氢能和燃料电池技术的可靠性、安全性和经济性，建立完善氢能技术装备的行业标准和检测评价体系，在突破关键零部件及核心材料研制技术的基础上，加强技术更新迭代，提升氢能转换效率与系统运行寿命，增强产业链的国际竞争力。

关键技术装备国产化是提高产业自主性和经济性的重要手段。本土企业正在积极研制关键设备、零部件和材料，如 90 兆帕级氢气压缩机、50 兆帕以上大型固定式储氢容器、高压大容量管束集装格、抗氢气高速冲击加氢站高压阀门、液氢用低温阀门、高灵敏氢气检测仪表、高性能长寿命质子交换膜等，不断提升国产化产品使用性能，加快降低氢能应用成本。以燃料电池系统为例，2016 年我国燃料电池系统成本高达 1.7 万元 / 千瓦，到 2022 年已降至 3000~4000 元 / 千瓦，行业目标是“十四五”末期进一步降至 1000~1500 元 / 千瓦，较 2022 年下降 50% 以上，进一步降低氢能交通工具的购买成本。

2.3 氢能在我国建设新型能源体系进程中的地位和作用

氢能在能源体系中的战略定位，决定了氢能产业的发展方向。国家发布的氢能产业发展中长期规划明确提出，氢能是未来国家能源体系的重要组成部分，是用能终端实现绿色低碳转型的重要载体，氢能产业是战略性新兴产业和未来产业的重点发展方向。发展氢能产业对于我国构建新型能源体系、实现“双碳”目标和推动产业转型升级具有重要意义。

2.3.1 氢能是构建新型能源体系实现三角动态平衡的关键角色

从目前到 21 世纪中叶，建设以安全稳定、经济高效和绿色低碳为重要特征的新型能源体系将是我国实现能源产业现代化的重点任务。我国已明确提出，到 2030 年和 2060 年非化石能源消费比重将分别达到 25% 左右和 80% 以上，国家大力发展非化石能源，能源体系将朝着以可再生能源为主体、多种能源并存、终端电气化率持续提升、氢能广泛应用等方向转型。随着非化石能源尤其是非水可再生能源逐步成为主导能源，必须确保能源体系在安全稳定、经济高效和绿色低碳三者间取得动态平衡（也称能源动态平衡三角，见图 2.2），推动传统能源体系向新型能源体系不断演进，更高质量地满足经济社会可持续发展需要。在这一进程中，氢能将发挥自身在保障国家能源安全、建设新型电力系统和打造绿色能源体系方面的独特优势，为能源体系实现动态三角平衡贡献力量。

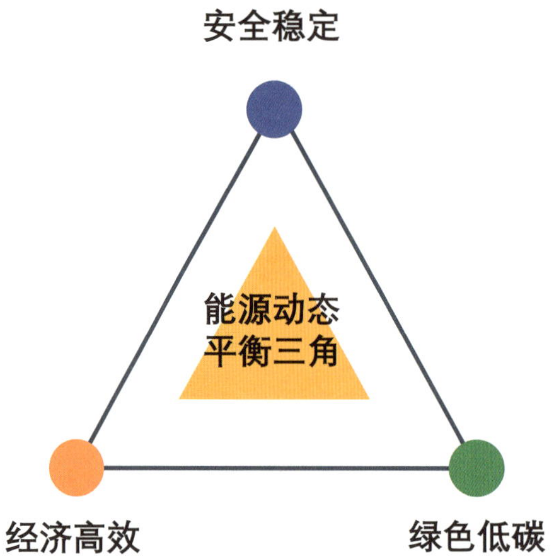

图 2.2　能源动态平衡三角示意图

首先，发展氢能产业有助于保障国家能源安全。当今世界不稳定、不确定、难预料因素较多，对全球能源供应链和产业链的稳定运行造成了冲击。依托本土可再生资源发展绿色氢能，有利于巩固新能源的安全替代能力，拓宽可再生能源消费空间，促进其在电力和非电利用两大领域协调发展，更好满足终端用能需求，更深程度替代化石燃料，减少对进口能源的依赖，提高能源自主保障能力。以氢能交通应用为例，结合我国氢车构成情况测算，道路交通每推广使用 100 万吨绿氢作替代燃料，可减少我国成品油消费约380万吨，有助于降低我国原油进口量。如果持续加大可再生氢能开发力度，还可实现氢能产品对外出口，进一步降低能源净进口规模，有助于达成能源独立的战略目标。

其次，发展氢能产业有助于建设新型电力系统。我国正在建设以清洁低碳、安全充裕、经济高效、供需协同和灵活智能为特征的新型电力系统。未来十五年，随着终端领域电气化率的持续提升，用电侧将对电网运行的安全可靠性提出更高要求。其间，可再生电力特别是风光发电，将逐步成长为我国电力系统的主体，面对其固有的间歇性、波动性问题，利用电氢转化和氢储能技术，可在促进新能源消纳利用的同时，形成跨周期跨地域的异质能源互补互济能力，提高电力系统的灵活性、稳定性和可靠性。通过氢能“制储输用”网络与电力主干网络的氢电耦合，并与天然气储运网络等实现高效协同，可在高比例可再生能源环境下，进一步提升能源系统应对极端天气或突发事件的供给保障能力。

最后，发展氢能产业有助于打造绿色能源体系。当前能源系统演进的重要方向就是绿色化、低碳化。发展氢能产业，有利于破解以往数次工业革命主要依靠化石能源作为能源基础，难以实现永续发展的“魔咒”。一方面，氢能将是绿色原料体系的重要基础，利用电制原料（PtX）技术可将绿电转化为绿色氢源（H_2），并与生物质转化或碳捕集技术等获得的绿色碳源（CO或CO_2）相耦合，生产绿色甲醇、绿色天然气等绿色化学品，再通过化学转化得到乙烯、芳烃等基本有机原料，最终可获得全生命周期具备低碳足迹特征的合成材料，为可持续发展提供物质保障。另一方面，氢能也将是终端零碳燃料的典型代表，以供热为例，在具备经济性的前提下，每推广使用 100 万吨绿氢替代煤炭作为供热燃料，可减少 CO_2 排放 1090 万吨。未来，低碳氢能将成为“电热冷气氢”终端能源服务体系的重要组成部分。由此，人类社会可以通过更可持续能源和更负责任的工业化支撑经济社会发展，减少对生态环境的破坏和不利影响。

2.3.2 氢能是我国实现碳达峰碳中和目标的关键能源载体

氢能将在我国实现“双碳”目标进程中发挥重要作用。从碳达峰到实现碳中和，我国每年需新增约 3 亿吨 CO_2 的碳减排能力，这将为低碳氢能技术的规模应用创造巨大机遇。在“双碳”进程中，一方面，以可再生能源制取绿氢，逐步替代高碳足迹氢，可有效管控制氢环节的碳排放规模；另一方面，还可在主要用能部门的难脱碳重点领域开展低碳氢能应用，替代传统化石燃料，形成具备可行性和竞争力的深度脱碳解决方案，与绿电解决方案一起加快我国的碳减排进程。

碳达峰碳中和目标是我国氢能产业迈向低碳发展的源动力，衡量产业价值的一个关键指标就是对我国碳减排进程的净贡献。氢能可在工业部门淘汰高碳排产能、电力部门深度脱碳、终端部门电气化以及低碳燃料等除林业碳汇外的几乎所有领域都能发挥一定作用（见图 2.3），例如，工业灰氢产能的置换或退出，氢能助力电力脱碳和消纳，以及绿氢替代交通和建筑燃料等。初步测算，从目前到2060年，氢能产业发展带来的碳减排效应有望达到10亿吨级CO_2，接近能源相关活动碳减排总目标值的10%，为我国达成碳中和目标做出重要贡献。

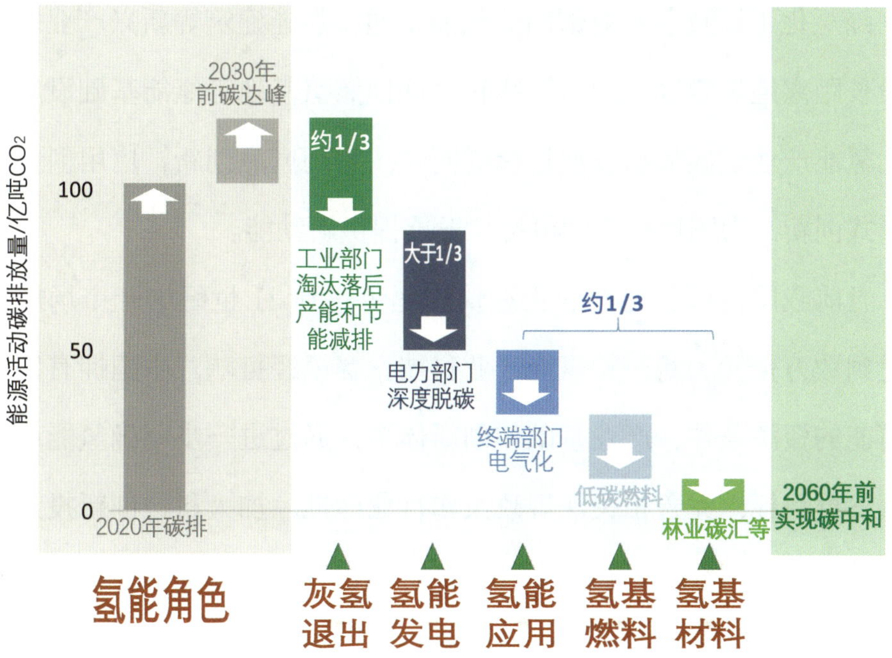

图 2.3 氢能在我国“双碳”进程中的主要作用

2.3.3 氢能是战略性新兴产业和未来产业的关键发展方向

历次工业革命都给人类的生产生活方式带来了巨大改变。新技术孕育新质生产力，进而催生出新兴产业。历经数十年技术攻关，氢能产业即将成为推动能源革命的重要赛道和培育经济新增长点的重要战略选择。

低碳经济是现代社会发展的重要方向，氢能产业则是低碳经济的重要组成部分和新增长极。在新一轮工业革命浪潮下，我国将以低碳氢能产业链为纽带，以氢能科技创新为强劲动力，在新能源、新材料和新经济发展支撑下，立足减碳降碳需求，推进工业部门的绿氢制备、氢冶金、绿氢化工以及非工业部门的氢能交通、氢能建筑等新兴产业发展，建设长距离纯氢管线、掺氢管线和大规模储氢基地等氢能基础设施，在推动氢能产业达成战略发展目标的同时，实现产品创新、应用创新和商业模式创新，为国民经济的可持续发展提供新动能。

当前我国低碳氢能产业正在快速起步，到 21 世纪中叶市场规模有望达到数万亿元。新一轮氢能产业科技竞赛已经打响，中国拥有发展低碳氢能的资源条件、产业基础和创新体系，通过进一步明确氢能产业的远期发展目标、完善相关法规政策和行业标准、加大科技创新投入和加快培育新兴应用领域，在氢能产业核心技术装备和关键材料等重要领域取得新突破，就一定能够在碳中和时代夯实氢经济发展根基，推动国家站上未来产业链的制高点，赢得全球竞争的主动权。

第3章 氢能需求预测方法和发展路径研判

Prolouge 引言

研究组根据氢能在新型能源体系中的发展定位，结合能源转型发展大势，在对我国中长期经济社会发展、产业政策环境、技术演进迭代和资源环境约束等做出科学研判的基础上，搭建了氢能消费预测模型，研判氢能产业发展路径，形成了预测我国主要用能部门的氢能需求的方法学。

3.1 氢能产业预测的基本方法

立足国家目标和产业规律，自下而上开展氢能需求前景研究。以重点路径技术经济性分析和低碳转型政策研判为基础，结合《中国能源展望 2060》中对我国能源消费和供给的中长期判断及研究逻辑，聚焦氢能关键应用领域，构建了贯通氢能生产侧和消费侧的研究体系，厘清了影响氢能应用及关键产品供需的主要因素，形成了氢能供需预测体系研究的基本框架（见图 3.1）。

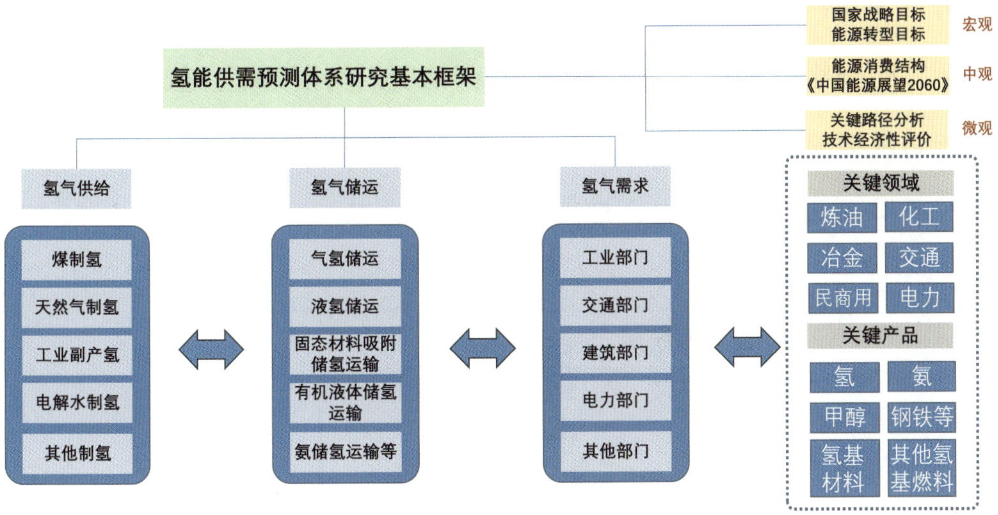

图 3.1 氢能供需预测体系研究基本框架

采用网格分层均衡预测方法，在《中国能源展望 2060》研究体系下，开展氢能分部门需求预测研究。建模思路是将氢能整体需求拆分为由多个应用场景组成的需求端网格，既分析氢气直接消费，也分析氢能主要产品带来的间接消费，在图 3.2 示例网格中，蓝色字体网格的工业用氢、交通用氢、建筑用氢为直接用氢，而红色字体网格的交通用氨、交通用甲醇、工业用氨为间接用氢，研判不同领域的氢能需求潜力，与《中国能源展望 2060》分部门能源消费衔接，并对偏离基本国情的需求数据进行合理修正，得到最终结果。

网格分层均衡预测模型的核心。一是合理研判网格化的氢能需求前景。立足关键路径技术经济性评价和政策研判，开展氢能渗透率分析，以路径优化确保网格需求的可行性，以能源供需平衡确保产业规模的合理性，得到不同网格的用氢需求，汇总形成分部门和整体氢能需求。二是开展多层次均衡校核。针对氢能产业层与能源系统层开展平衡分析，包括氢能分部门消费与终端能源分部门消费的均衡匹配，氢能总消费与氢能总供给的均衡匹配，以及氢能总供给与全国一次能源消费的均衡匹配，确保需求数据保持在合理区间。

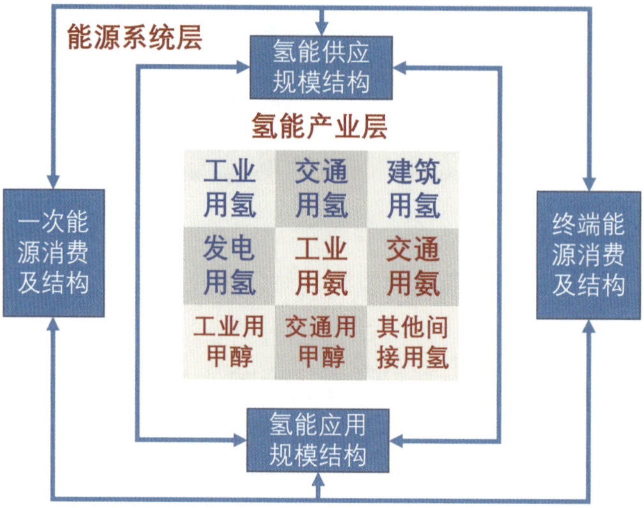

图 3.2　网格分层均衡预测模型

网格分层均衡匹配的原则。一是网格单元规模由氢能解决方案与纯电等其他竞争性低碳方案的比较竞争力决定，并根据碳价水平和产业政策等因素进行调整，涉及时间空间维度，例如，在基准情景下，氢能技术何时具备经济性，需要在哪些地区、行业或细分领域优先部署。二是竞争力评价来自绿色低碳、经济高效和安全稳定三方面约束性指标，涉及宏观层面的国家战略目标、经济发展水平、社会承受力和产业政策环境等，通过评判产业层面的全路径成本、全过程能效和应用场景适配性等，实现不同情景下氢能解决方案竞争力与市场渗透率相匹配。

3.2 我国氢能产业发展关键情景设定

从目前看，氢能产业发展环境存在诸多不确定性因素。一是全球地缘政治环境、国家战略优先目标、经济社会发展、产业政策导向、科技革命浪潮和资源环境约束等外部因素，始终处于动态演进的过程中，为氢能产业发展的宏观环境研判带来了极大的不确定性。二是世纪大变局与能源革命、产业变革相互交织演化，国家安全、能源安全和产业安全等重大问题相互叠加作用，氢能的战略地位以及与其他能源品种间的竞合发展态势同样存在较大变数。三是氢能领域的关键技术突破和成本降低幅度也面临一定的不确定性。这些因素进一步加大了氢能产业发展路径和部署节奏的研判难度。

为此，研究团队总结了能源低碳转型与经济社会发展的历史规律，以能源体系在安全稳定、经济高效和绿色低碳方面取得动态平衡作为产业大势研判的出发点，立足我国对经济社会发展目标的基本预期，以及对能源行业发展目标的基本要求，明确不同能源转型情景的边界条件，力争从诸多不确定性因素中厘清产业发展基本脉络，形成对氢能产业的确定性认识。研究组在中国石化经济技术研究院发布的《中国能源展望 2060》报告的基础上，提出了我国氢能产业发展可能存在的三种情景：

（1）基准情景——对应《中国能源展望 2060》报告中能源体系的协调发展情景（CDS）。作为《报告》的推荐情景或中情景，基准情景下大国间博弈相对理性，经济发展较为平稳，全球碳中和目标在21世纪60年代实现。中国能源安全风险总体可控，经济社会实现可持续协调发展，能源低碳转型稳步推进。预测期内，氢能发展相关政策比较积极，财政支持较为有力。氢能技术进步速度相对较快，低碳氢能开发成本快速降低，氢能多元应用规模稳步提升，国内碳交易价格以合理适中速度抬升。在此情景下，氢能需求潜力有效挖掘，氢能产业碳减排净贡献相对适中，对我国2060年前实现碳中和目标的支撑力度居中。

（2）低情景——对应前述报告中能源体系的安全挑战情景（SCS）。在低情景下，大国博弈对抗风险加剧，全球经济发展严重承压，能源安全风险激增，国际能源交流与合作处于较低水平，全球碳中和目标延迟到21世纪70年代甚至更晚实现。中国能源转型面临的外部环境复杂严峻，我国对确保能源安全稳定和经济高效的要求更高，能源绿色低碳转型偏向选择更稳妥、更具技术经济性，且能确保经济社会稳健发展的路径。国内氢能政策扶持力度相对有限，技术进展速度偏缓，氢能国际合作机制不畅，氢能产业内外部市场相对分割，国内碳交易价格提升速度相对较慢，一些在全过程能效和成本上缺乏竞争力的低碳氢能应用难以广泛部署或部署相对较晚。在此情景下，氢能需求潜力未得到充分挖掘，氢能产业碳减排净贡献相对较低，对我国2060年前实现碳中和目标的支撑力度较弱。

（3）高情景——对应前述报告中能源体系的绿色紧迫情景（GUS）。在高情景下，大国间良性竞合发展，全球经济持续健康发展，各国积极开展能源技术交流与合作，全球到21世纪50年代实现碳中和发展目标。

中国能源安全风险相对中性，我国经济社会发展对能源成本的包容性更强，能源转型路径选择更注重本质低碳。氢能产业政策扶持力度更强，关键技术加速突破，高水平开展氢能国际合作，氢能内外部市场充分打通。国内碳交易价格抬升速度更快。在此情景下，氢能需求较基准情景进一步跃升，氢能产业碳减排净贡献相对较高，助力我国 2060 年前实现碳中和目标的支撑力度较强。

研究组在上述情景分析的基础上，构建了涵盖我国氢能需求和供给的预测模型，从国内外氢能产业发展历程和规律性认识入手，剖析影响氢能产业发展的关键要素，结合对我国能源转型战略目标以及“双碳”等关键行业政策的情景研判，在从目前到 2060 年的预测期，开展了氢能产业重点路径的技术经济性分析，测算了制氢、储氢、运氢和用氢等关键环节的平准化成本，厘清了不同技术路径的竞争力，测算了氢能在工业、交通、建筑以及电力部门的需求潜力。在关键情景设定的基础上，为克服前述我国氢气产业链关键环节面临的瓶颈挑战，提出了分阶段推动氢能产业发展的基本设想（见表 3.1）。

近期到 2025 年：初步建立氢能产业链供应链体系，完善政策环境和标准体系，基本掌握核心技术和制造工艺，形成氢能多元应用方案。主要举措，以“就近部署”为原则开发氢能示范项目，聚焦探索场景和降低成本。在可再生资源条件优越地区开发电氢一体化项目，以“就地转化”降低绿电制氢成本。紧邻绿电绿氢基地开展先导示范应用，以“就近利用”降低储运环节成本。依托“水风光”等多能互补绿电项目提高绿电供应可靠性，提升电解水制氢装置利用率。针对风光发电带来的非稳态电力，优化电解槽制氢技术装备和工艺控制水平，提高工厂运行效率。初步打通蓝氢发展技术路径，积极开发工业副产氢资源，推进建设区域低成本供氢中心，满足交通、冶金等新兴领域用氢需求。

中期到 2035 年：基本建成现代化的氢能产业体系，可再生氢成为氢能供给消费的增量主体，初步形成氢能多元应用生态。主要举措，以“用氢减碳”为导向激发氢能发展潜力，加严碳排放“双控”考核和碳市场交易机制，逐步提高碳排放成本，倒逼重点行业加快减碳进程，在难脱碳领域形成有效市场需求。在具备资源和市场条件的地区，扩建低碳氢生产基地，形成跨地区长距离输送能力，优化氢能区域储存调配和输送网络，更好满足多行业多领域用氢需要。在高比例可再生电力环境下，依靠低成本、规模化储能等技术，克服绿电波动性给绿氢生产应用带来的挑战。结合绿证、CCER 等政策工具，打通绿氢减碳价值链，扩大下游用氢需求。

远期到 2060 年：建成以绿色化、低碳化、多元化和高端化为特征的氢能产业体系，可再生氢成为氢能供给和消费的主体，氢经济成为低碳循环经济的重要组成部分，并为实现碳中和目标提供有力支撑。主要举措，以“氢能社会”为目标提升氢能发展质量。构建集中式与分布式协同互济的氢能供给体系、规模化储运和灵活性配送协调发展的氢能储运体系，建设可高效连通氢能供给、氢能消费、氢能贸易、科技创新和装备制造等各方力量的跨区域、跨行业“氢能走廊”，优化氢能资源的市场化配置。在产业政策引导下，面向工业、交通、电力和建筑等主要用能部门的难减碳重点领域，加快低碳氢能应用部署步伐，打开产业发展新空间。

表 3.1 中国氢能产业发展前瞻

发展阶段	低碳氢能培育期 （目前至 2025 年）	低碳氢能商业初期 （2026—2035 年）	低碳氢能商业成熟期 （2036—2060 年）
我国能源体系特征	2025 年：非化石能源成为增量主体 能源消费：化石 80%，非化石 20% 发电量：化石 61%，非化石 39%	2035 年：非化石能源成为主导电源 能源消费：化石 66%，非化石 34% 发电量：化石 42%，非化石 58%	2060 年：非化石能源成为主导能源 能源消费：化石 20%，非化石 80% 发电量：化石 7%，非化石 93%
氢能制取	· 开展低碳氢能生产关键技术攻关 · 控制煤制氢增量，实现源头控碳 · 建设万吨级低碳氢生产示范项目 · 提高工业副产氢利用效能	· 完善低成本、高效率、低碳排的氢能生产技术体系，提升竞争力 · 绿氢逐步成为氢源的增量主体 · 引导建设十万吨 级低碳氢生产基地	· 推动氢能制取技术加速迭代 · 以碳价等约束政策加快灰氢退出 · 绿氢逐步成为主导氢源 · 引导建设数十万吨级低碳氢生产基地
氢能储运	· 开展多相态氢储运技术攻关 · 推进氢能基础设施点线布局，供氢服务辐射半径百公里级 · 建设氢能储运先导示范项目	· 形成完备的氢储运技术保障能力 · 建成城市 / 省级 / 跨地区氢能储运基础设施网络，供氢服务辐射半径达数百公里级	· 建立完善面向全国的氢能储运基础设施网络，主干网络的供氢服务辐射半径增至千公里级 · 建设大型氢能（氨能）储存设施
氢能应用	· 打破关键应用路径技术发展瓶颈 · 在交通、冶金等新兴领域推动氢能示范应用 · 完善氢能行业标准体系	· 扩大应用场景，降低部署成本 · 推动氢能替代燃料、氢基固碳材料等创新减碳路径的商业实践 · 打通氢能减碳价值链	· 扩大氢能燃料应用规模，挖掘氢基替代燃料减碳潜力 · 拓展氢基碳中和应用规模，挖掘氢基材料深度脱碳潜力

注：表中“低碳氢能”包括绿氢、蓝氢以及绿色甲醇、绿氨等低碳足迹氢基化合物，“化石”指化石能源，“非化石”指非化石能源。
数据来源：中国石化集团经济技术研究院有限公司. 中国能源展望 2060 [M]. 北京：中国石化出版社，2022.

3.3 我国氢能产业链主要环节的发展路径研判

氢能产业链的三大关键环节是氢能制取、储运和消费。“双碳”目标下，制氢环节的低碳转型是源头减碳的主战场，重点部门的氢能应用是以氢减碳的新阵地，氢储运环节则是连接低碳氢制取和终端应用的关键桥梁。

3.3.1 氢制取环节

制氢环节将向既满足低排放要求，也满足低成本要求的目标前进。重点是推动化石能源制氢的减碳兜底和非化石能源制氢的降本提效，打造集中式与分布式制氢相结合，清洁低碳、经济高效、灵活多元的氢能供给体系。

路径实施方面，一是灰氢减碳转型，加快化石能源制氢与碳捕集利用封存耦合发展，提升副产氢利用效率；二是绿氢规模发展，促进可再生电力制氢与新能源发电等耦合发展，为低碳氢能终端应用提供资源保障；三是探索核能制氢，核能供应稳定性良好，核能制氢适配大规模工业生产用氢需求。目前，高温气冷堆制氢等关键技术处于研发及推进示范阶段，在工程设计、安全分析、材料研发以及关键装备研制和系统优化等实现突破后，也有望具备良好的发展前景。

在碳达峰阶段，化石能源制氢是供氢主力，为减少后期的控碳成本，需严格限制灰氢规模增长，支持副产氢高效利用，为下游应用提供低成本氢源，打通灰氢耦合碳捕集利用封存技术的堵点难点；在可再生资源优越地区，积极开展绿氢制备工业示范，推动降本增效和扩大规模，使之成为新增供给的重要来源。在碳中和阶段，绿氢将逐步成为供氢主力，需因地制宜、有序发展可再生能源制氢，分阶段推动蓝氢规模化部署，有效利用副产氢资源，化石能源专门制氢配套碳捕集利用封存技术将成为重要的托底保障氢源。在满足国内需求基础上，还可充分利用本土可再生能源资源优势，挖掘低碳氢能出口潜力，积极开发氢能海外市场。

3.3.2 氢储运环节

氢储运基础设施体系建设将成为连通低碳氢能供给侧，加速氢能应用场景落地的关键。现代商业氢储运体系的基本要素主要包括氢气产品的加工、转化、运输、配送和储存等设施，如输送管线、压缩单元、运氢车辆、运氢船舶、氢气液化工厂、液氢再汽化终端、高纯氢中心、固定式储氢罐、大型储氢库、氢能转化设施、固体材料吸附储氢和化学储氢相关设施等。不同部门和领域的制氢用氢规模和商业运行模式存在较大差异，氢储运体系要素配置并不相同，需结合供需端特点灵活优化配置，建设经济、高效、安全、灵活的氢储运体系。

路径实施方面，随着工业、交通等部门氢源逐步由灰氢和副产氢向绿氢和蓝氢等低碳氢转变，对高质量构建氢储运体系提出了新要求。重点是制定完善氢储运标准体系和安全监管制度，形成市场化的氢储运和商品交易机制，推动高压气氢、低温液氢、吸附储氢、化学储氢和氢能输送等领域的技术、材料和装备的研发和应用，降低储运环节成本，提升氢储运能力和基础设施运行效率。

一是聚焦跨区域低碳氢能应用场景建设，打造辐射全国氢储运主干网络。针对绿氢资源地和氢能消费地逆向分布的特点，规划建设贯通西北可再生氢资源富集地区和中东部氢能消费地区的长距离输氢管道，推动“北氢南运”“西氢东送”，打造跨地区、长距离、广覆盖的“氢能走廊”。借鉴天然气行业发展经验，结合规模化储氢需要，利用盐穴、枯竭油气藏、含水层和岩洞等地下地质构造建设大型储氢设施，逐步提升规模化储氢能力，满足新型能源体系下季节性用氢需求变化和应对短期供需波动，形成基于氢能的长周期、大规模的新能源储备能力。

二是聚焦地区性低碳氢能应用场景建设，打造灵活匹配重点地区氢源与应用市场的终端配送网络，协调发展输氢管道支线，建设区域配送中心和加氢基础设施，推动关键核心设备和材料国产化进程，畅通氢能储运终端“微循环”，打通氢能服务的“最后一公里”，更好实现氢能应用的产销衔接。

在碳达峰阶段，结合终端多元化用氢需要，推动氢储运逐步从“低压到高压”、从“气态到多相态”方向发展。推进氢储运基础设施体系建设，近期以高压气氢拖车为主，构建点状供氢网络，中期进一步完善氢储运标准体系，建设本地纯氢/掺氢输送管网，积极发展液氢储运，优化提升区域运力。在碳中和阶段，在储氢密度、安全保障和成本控制方面取得新突破，建设覆盖面更广的跨地区氢气/掺氢输送管网，加快低温液氢、吸附材料储氢等新型储运技术应用步伐，提升规模化储氢能力，积极发展基于绿氨和绿色甲醇等氢能衍生物的规模化低碳能源储运体系，提升跨区域氢能资源调度能力和辐射服务能力，建成长距离、低成本、大规模、多技术路线的氢储运体系。

3.3.3 氢消费环节

氢能消费环节将在推动传统用氢领域低碳转型的基础上，聚焦终端部门深度脱碳新需求，打造氢能应用生态圈。重点是在消费侧摆脱对高碳排灰氢的依赖，建立完善新兴领域的氢能应用标准体系，在技术进步、碳排放“双控”、碳价格等政策引导下，提高低碳氢能相较于灰氢的比较竞争力，促进主要用能部门，特别是难脱碳领域部署“低碳”“零碳”氢能应用解决方案。

路径实施方面，支持工业、交通、电力和建筑部门发展低碳氢能应用，以重工业、长途和重载公路运输、船运和航空等高排放行业为重点，在工业原料、高品位供热等难以用可再生电力直接替代的重点领域，加快低碳氢规模化应用并实现对化石能源的深度替代，打开氢能消费新空间。从重点领域看：

炼化领域，绿氢炼化是重要路径。氢主要作为工业原料，在加氢精制工艺中用作还原剂，脱除有害杂质，提升油品品质；在加氢裂化工艺中使大分子烃类转化为小分子烃类，实现重油轻质化，同时生产化工原料；少量作为燃料气。当前氢源以化石能源制氢和副产氢为主，碳减排压力大，要在碳减排约束政策下，逐步在加氢工艺中以低碳氢替代灰氢，并在高品位供热等领域探索绿氢应用。在碳达峰阶段，在具备资源条件的西部地区率先开展绿氢炼化示范应用。在碳中和阶段，扩大西部地区绿氢炼化应用规模，并在东部地区依托海上风电、核电建设绿氢炼化基地， 进一步加快炼化行业低碳转型步伐。

化工领域，绿氢化工是重要路径。氢主要用作化工原料，生产氨、甲醇等化学品，作为煤制油、煤制天然气的中间原料，以及用于生产盐酸、过氧化氢等其他化学品。传统企业多使用煤或天然气制氢，碳减排压力大，要以碳排放总量和强度控制为抓手，推动在传统工艺流程中以低碳氢替代灰氢。西北地区是绿氢应用主要地区，煤化工是布局重点。在碳达峰阶段，探索化工领域绿氢增量替代，在可再生资源丰富的西部地区开展绿氢化工示范应用。在碳中和阶段，加快低碳氢替代步伐，规模化部署绿氢耦合二氧化碳制甲醇等“负碳”化工新技术，建设绿氢化工生产基地，进一步减少甲醇等化学品的碳足迹，有效降低化工行业碳排放。

冶金领域，氢冶金是重要路径。氢主要作为工业原料，在冶金工艺中用作还原剂替代焦炭。氢冶金的发展目标是降低冶金产品的碳足迹，以可再生氢或工业副产氢替代焦炭生产直接还原铁，并与电炉炼钢等工艺耦合，形成冶金行业深度脱碳解决方案。在碳达峰阶段，开展富氢冶金等技术装备研发和示范应用，氢源以副产氢为主。在碳中和阶段，开发高纯氢冶金新工艺，建设基于绿氢的大型氢冶金基地，推动冶金行业深度脱碳。

交通领域，氢能交通是重要路径，氢主要作为零碳交通燃料。该部门的氢能消费可分为直接用氢和间接用氢，后者主要指用低碳足迹的甲醇和氨等氢基合成燃料作为交通燃料。氢能交通的发展目标是提供零碳交通解决方案，并在中远途 / 中重型运输等交通应用场景发挥重要作用。因此，从全生命周期碳足迹看，并不适合以煤制氢、煤基甲醇或煤制合成氨作为交通燃料，并且有必要适时为交通用氢设置碳足迹门槛。在碳达峰阶段，有序推进低碳氢能交通示范应用，完善氢能交通基础设施建设，提升氢能交通工具经济性和市场渗透率。在碳中和阶段，构建覆盖面积更广的交通用氢基础设施网络，形成贯通陆路、水路和航空的氢能立体交通体系，与纯电交通一道为零碳交通体系做出贡献。

建筑领域，氢能建筑是重要路径，氢主要作为零碳建筑燃料。氢能建筑的发展目标是提供零碳建筑用能解决方案，利用低碳氢能为民商建筑提供热能和电能服务。例如，通过氢燃料电池热电联供等方式，提供冷热电综合能源服务，氢能的能源综合利用效率可达 85% 或更高；还可在具备技术可行性和安全性的前提下，利用已有的城市天然气管网基础设施，实现一定比例的天然气掺氢，为千家万户提供炊事和供热服务。

电力领域，氢主要作为低碳能源载体和零碳发电燃料，氢储能和氢电转化是重要路径。氢能是电力部门实现大范围长时间尺度储能，以及在高比例可再生电力下确保供电负荷平衡的重要手段。在碳达峰阶段，加快氢能关键技术装备研发和示范应用，利用低成本富余可再生电力制氢，突破“电—氢—电”耦合关键瓶颈。在碳中和阶段，有序推动电氢转化技术商业应用，积极稳妥建设氢储能、氢转电、掺氢（或氨）发电、氢热电联供项目，形成技术可靠、经济可接受的电力部门氢能应用场景，为新型电力系统提供有力支撑。

氢能兼具原料、燃料和储能介质等多重属性（见图 3.3），不仅是工业原料和替代燃料实现绿色低碳转型的重要载体，也是可再生能源价值链从电力向其他部门延伸拓展的重要载体。从氢能产业发展迈向绿色化、低碳化的确定性趋势看，制氢环节将从以化石能源为基础的“化氢”耦合，向以可再生电力为基础的“电氢”耦合转化，具有全生命周期低碳足迹特征的绿氢将是氢能发展的关键方向，随着灰氢逐步退出或转为

图 3.3　氢能具有多重属性

蓝氢，低碳氢将成为未来的主导氢源。无论在何种情景下，氢能都将在碳中和进程中发挥重要支撑作用，助力工业、交通和建筑等主要用能部门的难脱碳重点领域形成碳减排方案。

其间，氢能在终端领域应用的关键点，一是持续扩大绿电等低碳能源资源的供给规模，二是有效减少低碳氢能的开发和利用成本，三是稳步提升氢能全产业链的运行效率。在此基础上，我国将打通氢能在化工、炼化、冶金、交通和建筑等重点领域应用的关键路径，为保障能源安全、替代化石能源和实现产业升级提供具有竞争力的创新解决方案，低碳氢能将在构建绿色低碳、安全稳定的新型能源体系进程中发挥重要的支撑和纽带作用。

第4章 我国氢能消费前景展望

Prolouge 引言

氢能的独特优势为产业低碳转型提供了重要支撑，“双碳”目标则为氢能产业发展打开了更大的成长空间。但当前很多低碳氢能技术仍处于研发示范阶段，不同机构对新技术前景和产业政策环境的判断存在差异，对氢能消费前景的研判也各有不同。本章主要基于前一章的情景设定和路径研判，分析氢能在我国工业、交通、建筑和电力等部门的需求空间。

4.1 2060年我国氢能市场需求将超过8500万吨，占终端能源消费比重的12%

在“双碳”目标指引下，2020年到2060年的预测期内（下同），基准情景下，我国氢能市场需求将增长1.6倍，氢能在我国能源体系中的地位不断提升，对能源低碳转型的影响力将不断增强。2020年我国氢能消费规模约为3173万吨，折1.3亿吨标煤，占我国终端能源消费的比重为3.8%。到2030年，我国氢能消费规模将增至3810万吨，折1.6亿吨标煤，占我国终端能源消费的比重为3.9%，这期间，氢能产业主要围绕制氢新工艺、储运新技术和用氢新领域开展技术攻关，为接下来的规模部署打好基础。我国实现碳达峰目标后，在资源、技术和政策条件支撑下，随着碳价提升，氢能将在主要部门难脱碳领域加速渗透，应用规模快速提升。基准情景下，到 2060 年，我国氢能需求规模将增至约 8600 万吨，折 3.5 亿吨标煤，占我国终端能源消费的比重将达到 12%（低情景和高情景分别为 11% 和 15%）。届时，电力占我国终端用能结构的 57%，氢能将稳居终端用能第二梯队，占比与石油（13%）和天然气（13%）相近。

在预测期内，氢能将在终端领域逐步实现多元应用。2020 年，我国氢能消费基本以工业部门为主，占比 94.9%，电力部门占比 3.2%，主要来自焦炉煤气发电，建筑和农业部门占比 1.4%，交通部门占比 0.5%。到 2030 年，氢能消费结构将变为工业部门（不含发电）占比 94%，电力部门占比 3%，交通部门占比 2%，建筑和农业部门占比 1%，与 2020 年消费结构相比变化并不明显，主要原因在于，这期间氢能仍处于技术降本攻坚期。2035 年后，随着应用成本的快速降低，低碳氢能将在工业、交通等领域率先推广应用，多元发展进入快车道，到 2060 年，分情景看，我国氢能需求总量以及在工业（不含发电）、交通、电力和建筑部门的消费比重将分别为：基准情景——8600 万吨，57%、28%、10% 和 5%，高情景——10200 万吨，54%、31%、10% 和 5%，以及低情景——7500 万吨，62%、25%、8% 和 5%。

三种情景下氢能需求结构的差异，主要来自氢能在新兴领域的市场渗透率和部署节奏有所不同。高情景下，为更好达成实现碳中和等战略目标，我国将形成氢能技术加速进步和体制机制加速改革的倒逼机制，氢能在新兴领域的创新推广速度更快、效率更高；而低情景下，国家将更多考虑通过产业自身技术进步达成经济性，氢能在新兴领域的推广应用速度相对较慢；基准情景下，氢能在新兴领域的应用步伐介于高情景和低情景之间。

多情景预测的相同点则是氢能终端应用的多元发展主线均为低碳化和绿色化，氢能将在打造新型工业体系、零碳交通系统、新型电力系统等进程中发挥更大作用。一是工业部门用氢领域，将从传统化工和炼油行业，向冶金、建材等行业拓展，工业用氢规模将保持稳健增长，更多使用低碳足迹氢源，并在多个细分行业形成深度脱碳解决方案。二是非工业部门用氢领域，交通用氢将从使用副产氢以及灰色甲醇等氢基合成燃料为主，向使用绿氢等低碳氢以及绿氨、绿色甲醇等低碳氢基合成燃料转化，氢能交通将与纯电交通一道，共同打造零碳交通体系；发电和建筑用氢则从传统的以人工煤气作为氢气消费主要介质，向纯氢和掺氢发电供热转化，助力打造绿色低碳、安全稳定的新型电力系统以及“冷热电气氢”多能融合的终端零碳供能体系。

4.2 农林牧渔业用氢规模有限，可因地制宜发展分布式氢能

我国农林牧渔业的终端能源消费以油品、煤炭和电力为主，2020年与能源活动相关的碳排放规模较低，约为 1.9 亿吨 CO_2，占我国能源活动相关碳排放总量的 2%。在预测期内，农林牧渔业用能低碳转型将以电气化为主，氢能将在难脱碳领域的燃料替代、分布式供能以及储能

服务等领域起部分支撑作用。

目前，氢能在农林牧渔领域的消费规模尚小。发展绿色氢能产业，有利于推动农村地区能源转型，促进乡村振兴和实现农业农村现代化。农村地区拥有丰富的可再生资源，具备发展分布式氢能的基础，可以将氢能本地化开发与太阳能、风能和生物质能有效利用相结合，依托农光互补、渔光互补等新能源项目发展绿电制氢，不断增强农村绿色低碳能源的自给能力。

从应用场景看，氢能消费需求将主要来自农村生产生活用能，以及氢能农机、林机、渔船等用能。通过培育农村氢能产业，因地制宜建设乡村氢能补给终端等举措，还可与区域乃至全国氢能供给体系和基础设施网络建设相结合，找到推动城乡融合、实现氢能产业破局发展的结合点和突破口，进一步促进农村经济的发展。同时，通过在有条件的地区推广氢动力农机，可以减少使用化石燃料产生的环境污染，更好建设美丽乡村。

小资料

氢能在我国农林牧渔业的示范应用

农村氢能示范应用方面。2022 年 10 月浙江丽水在国内率先建成了乡村氢能生态示范工程，利用当地丰富的水电、光伏等可再生能源制氢，同时以农作物秸秆、禽畜粪污等生物废弃物制备沼气（甲烷含量 55%~70%，CO_2 含量 28%~44%），再用绿氢与沼气中的 CO_2 进行甲烷化反应，可将沼气中的甲烷含量提高到 95%，为乡村提供清洁高效能源，投运后预计每年可生产生物天然气 2 万标准立方米，可满足 100 户家庭一年的天然气需求。

氢能农机等方面，目前尚处于技术研发阶段。国内外农机装备公司均在开发混合动力、纯电动和氢能源等绿色农机作业装备体系。2020年我国研发成功了首台5G+氢燃料电动无人驾驶拖拉机。相较传统柴油拖拉机，氢能拖拉机在工作时无颗粒物、氮氧化物等有害污染物排放，无振动、无噪声，有利于提高农产品品质，改善农机作业者的工作环境；相较纯电动拖拉机，氢燃料电池拖拉机更适合在高寒地区使用，可实现更长时间的作业，且重量更轻。未来，氢能农机可促进农业生产良性循环，有效替代柴油农机，并与电动农机共同提供“零排放”农机解决方案，成为我国绿色农业、生态农业的重要组成部分。

氢能渔船方面，目前也处于研发阶段，技术水平有待提升。2017年我国开展了甲醇双燃料拖网渔船试验改造与可行性分析，2021年开发了首艘国产燃料电池海钓渔船。浙江舟山等沿海发达地区具备较好的经济条件，正探索在渔业领域应用氢能近海捕捞渔船，打造氢能源海上供应链。

预计到2030年，氢能在农林牧渔业的应用仍处于探索阶段。2040年后，随着农业农村现代化进程的不断深入，以及氢能应用方案竞争力的提升，氢能消费规模将有所增加，但受市场潜力、经济性等因素影响，所占比重将保持在较低水平。这主要是由于氢能供给应用和相关基础设施的投资成本相对较高，氢能农用机械的渗透率相对有限，农村地区氢能发展将主要依托经济发达地区以及可再生能源资源丰富地区，开发模式以分布式制氢和农村供氢微网为主，当然，资源条件优越的农村地区可与所在地区的氢能产业发展相结合，打造区域氢能供给和配送能力，形成城乡融合发展的新结合点。

到2060年,农林牧渔业与能源活动相关CO_2排放量将降至0.3亿吨,较2020年减少87%，碳减排主要来自绿电应用，氢能减排贡献约占3%。届时，氢能占农林牧渔业能源消费的比重为3%，用氢规模约40万吨，占全国氢气消费总量较低，不足1%。由于农村地区具备资源基础且拥有分布式制氢能力，该部门的氢气消费将更多依靠自产绿氢，而非来自城镇工业企业。

4.3 工业部门通过低碳氢能应用实现关键领域深度脱碳

目前，我国工业部门的终端能源消费以煤炭、电力、油品和天然气为主，且煤炭占主导地位，能源活动相关的碳排放规模较大，2020年约为60.5亿吨CO_2，占我国能源活动相关碳排放总量的65%。氢气是重要的工业原料，工业部门碳排放的约8%来自化石能源专门制氢。通过有效控制灰氢消费规模，逐步提升工业用能的绿氢占比，可有效降低该部门的碳排放强度。

从应用场景看，工业部门的氢能需求变化，一是调结构，在“双碳”政策约束下，工业用氢的氢源结构将逐步向绿氢转变，灰氢退出或转为蓝氢，重点是实现原料氢生产环节的脱碳，工业副产氢规模将随所在行业碳中和进程发生变化，总体趋于减少；二是促减排，推动绿氢在冶金、建材等难脱碳工业领域替代化石燃料，近期以替代煤炭（焦炭）为主，作为高效还原剂，中后期替代化石燃料，提供高品位热力，全面增强工业企业深度脱碳能力；三是多固碳，通过绿氢与 CO_2 资源化利用技术相耦合，形成可商业化的化学固碳新路径，为工业部门贡献负碳解决方案。

到 2060 年，预计电力占工业用能的比重将从 2020 年的 28% 增至 55%，氢能将在工业部门难脱碳领域的燃动和原料低碳化等方面起到关键作用，占工业用能的比重将从 2020 年的 6% 增至 10%~13%。在新型电力系统支撑下，工业用能结构中低碳电力和氢能的消费占比将持续提升，煤炭占工业用能的比重将在预测期末（2060 年）降至 5% 以下，该部门能源活动相关的 CO_2 排放量将降至 10.4 亿吨，较 2020 年减少 83%，氢能应用对工业部门碳减排的贡献率将超过 15%。

2020 年氢能在我国工业部门（不含发电，下同）的消费规模约 3000 万吨；其中 97% 用作工业原料，剩余 3% 作为工业燃料，氢源主要来自该部门的化石能源专门制氢和副产氢。到 2030 年，工业部门用氢规模将增至约 3600 万吨，这期间低碳氢用作工业燃料尚缺乏经济性，因此用氢结构变化不大，仍以原料为主。到 2060 年，工业部门消费规模将达 4500 多万吨，较 2020 年增加五成，氢源结构发生明显改变，工业用氢主体从灰氢变为绿氢，占比 83%，蓝氢占比 13%，其余 4% 为副产氢；氢气消费结构也发生改变，工业原料占比 84%，其中 32% 是在冶金领域用作低碳还原剂，工业燃料占比将增至 16%，届时，以工业部门深度脱碳为目标的氢气消费占比将超过 50%。

4.3.1 化工用氢的主要领域为合成氨和甲醇，灰氢低碳转型是重点方向

目前，我国化工行业碳排放规模约 7 亿吨 CO_2，其中约一半以上与合成氨和甲醇生产相关。化工用氢（不含炼油石化用氢）的氢源以灰氢和副产氢为主。2020 年，我国化工用氢规模约 2200 万吨，占我国工业部门氢气消费量的 74%，从应用场景看，合成氨用氢占工业用氢的 36%，甲醇用氢占 25%，其他 13% 用氢需求来自煤制油、煤制天然气以及盐酸等其他化学品。预计到 2060 年，化工用氢规模将保持在 2300 万吨（不含氢基合成燃料在交通等部门消费折算用氢），较目前略有增长，但占工业用氢的比重将降至 50%，其中合成氨和甲醇合计约占工业用氢的 40%，其他化学品占比近 10%。

甲醇方面。预计我国甲醇产量将从 2020 年的 6300 多万吨增至 2060 年的 9400 万吨，期末用氢需求 1700 多万吨，届时甲醇用于工业部门占比 64%，用于交通部门占比 36%，这期间的增量需求主要来自低碳交通燃料和工业原料，包括基于绿氢和 CO_2 的绿色甲醇，后者也被认为是实现化学固碳的氢基碳中和解决方案之一。主要发展趋势：一是甲醇生产将走向低碳化。甲醇生产原料为合成气，由氢源（H_2）和碳源（CO）组成，目前均主要来自化石能源。未来，绿氢将逐步替代灰氢和副产氢成为主要氢源，而基于生物质的 CO 以及工业过程

捕集的 CO_2 也将替代基于煤或天然气的 CO 成为重要碳源。但是，当前绿色甲醇生产成本较高，亟须减少低碳氢源和碳源的原料成本，提升绿色甲醇生产技术的经济性，此外，合理提升碳价也有利于加快绿色甲醇的规模生产。二是甲醇应用将走向多元化。甲醇是重要的有机化工原料，2020 年在工业部门的消费比重达 91%，在交通等非工业部门的消费比重约 9%，目前主要用作道路交通燃料，并且正在向海运交通燃料拓展。到 2060 年，甲醇在工业部门的消费比重将降至 2/3，在交通等非工业部门的消费比重将增至 1/3（《报告》中，工业部门的甲醇用氢量不包括甲醇作为交通燃料的用氢量）。三是绿色甲醇将成为重要的固碳路径。在碳中和阶段中后期，随着绿氢化工应用的技术经济性瓶颈逐步被打破，工业部门将采用绿氢与 CO_2 耦合制绿色甲醇等生产工艺，并通过甲醇制烯烃、甲醇制芳烃等关键技术，为化学固碳[⑭]提供商业解决方案，形成电制化学品（PtC）的新技术路径，进而重构基于石油的乙烯和芳烃生产格局。

合成氨方面。预计我国合成氨产量将从 2020 年的 5900 万吨增至 2060 年的 8500 万吨，期末用氢需求 1500 多万吨，届时合成氨用于工业部门占 45%，用于交通部门占比 29%，用于电力部门占比 26%，增量需求主要来自低碳交通燃料和发电燃料。2020 年，我国合成氨主要用于工业部门的化肥、化学品等传统领域。我国已提出要打好农业农村污染治理攻坚战，开展农业节肥行动，未来将逐步减少化肥使用量，随着化肥使用效能的进一步提升，化肥用氨量和占比将逐步减少。预测期

⑭ 固碳技术包括物理固碳、化学固碳和生物固碳。

内，合成氨在交通、发电等非工业部门的用量将逐步提升，从整体看，绿氨作为低碳燃料的需求增长更多，因此全国合成氨消费总量仍将保持增长。到 2060 年，合成氨在工业部门的消费比重将降至不足五成，其余将在交通和电力部门用作低碳燃料。此外，受国土面积和可再生能源资源禀赋等因素限制，日本、韩国等工业化国家为达成碳中和目标，未来也将规模化进口绿氨以替代化石燃料。中国拥有发展绿氨产业的良好条件，具备成为全球重要绿氨出口国的潜力，未来合理适度出口绿氨或将拉动我国合成氨用氢需求。

其他化学品方面。化工行业的耗氢化学品还有煤制油、煤制天然气、盐酸（燃烧法）、过氧化氢（蒽醌法）、多晶硅[⑮]（改良西门子法）以及其他精细化学品。煤制油（气）对保障国家能源安全、适度增加油气替代和实现煤炭高效清洁利用具有重要意义，但受碳排放强度高等因素制约，预计 2030 年后用氢需求将稳中有降。其他产品方面，除多晶硅用氢随我国光伏产业发展仍可在较长时期保持增长外，盐酸等耗氢化学品的用氢需求将随工业化和城镇化进程的深入发展以及人口的达峰下行，在 2030 年前后达到峰值后逐步降低。同时，对于以氢气作为原料的高附加值化学品，如多晶硅和精细化学品等，这类产品的生产企业对绿氢成本的承受力远高于大宗化学品生产企业，且部分产品面向欧洲等高碳价海外市场，可择机出台约束激励政策，更早部署转向使用可再生氢源。

⑮ 多晶硅是光伏行业基础原料，主流工艺改良西门子法消耗氢气进行还原反应，在大规模光伏装机带动下，未来多晶硅生产用氢将快速增长。

4.3.2 炼油石化用氢将随油品需求达峰下行，生物炼制和绿色天然气将成新增长点

目前，我国炼油石化行业能源活动相关的碳排放规模约为5亿吨，其中，1/4为外购电、蒸汽等带来的间接排放，3/4为直接排放，煤制氢、天然气制氢等原料排放约占碳排放总量的1/4。2020年，国内炼油石化行业用氢规模740多万吨，约占我国工业部门氢气消费量的1/4，氢源以灰氢和副产氢为主。预计到2060年，炼油石化行业用氢规模为520多万吨，较2020年减少30%，占工业部门氢气消费量的11%，需求下滑的主要原因来自电动革命冲击导致的炼油规模下滑。预测期末，炼油石化行业氢源将以低碳氢和副产氢为主，灰氢基本退出。

从应用场景看，当前石油炼制领域用氢需求主要来自加氢精制和加氢裂化等装置。石油化工用氢需求主要来自加氢处理等装置，例如，乙烯厂对蒸汽裂解产生的C_3馏分选择性加氢，提高丙烯收率，对裂解汽油（C_6-C_8馏分）选择性加氢，增产苯、甲苯和二甲苯（BTX）；以及利用加氢工艺生产环己烷、己内酰胺等有机化学品。未来，炼油石化用氢的新增需求将主要来自绿氢在高品位供热等领域替代化石燃料，以及液体生物燃料等低碳产品的生产用氢。

在碳达峰阶段，炼油石化用氢需求将在小幅增长后，步入平台期。其间，在交通电气化等趋势影响下，炼油产品结构调整持续推进，炼

油企业将致力于提高加氢生产效率并降低氢耗，提升行业发展质量。2026年左右，我国石油炼制规模将达峰，此后逐步萎缩下行，炼油行业将逐步从以生产油品为主向以生产化工原料、航空燃料和特种油品为主转变。在可再生资源条件较好的地区，行业企业将推进绿氢炼化示范项目，耦合低成本绿氢制备，以绿氢替代灰氢。

在碳中和阶段，炼油石化用氢需求将随炼油规模萎缩步入下降通道。其间，在交通部门清洁低碳能源加速替代的冲击下，我国炼油加工量将随下游用油需求减少快速下降，以提高成品油品质为目标的加氢精制用氢量将随汽柴油需求减少逐步降低。从需求增量看：一是以增产化工原料为目标的加氢裂化装置仍有发展空间，全加氢裂化技术或将成为炼油结构调整的优选路线之一；二是绿氢将在难以实现电气化的领域替代化石燃料，例如为传统乙烯裂解炉提供高位热能，利用氢热电联产设施提供低碳热电服务等；三是绿氢可作为生物柴油、生物航煤等液体生物燃料生产过程的加氢原料；四是利用绿氢生产其他低碳石化产品，例如，绿氢与可再生碳源（如生物基CO或CO_2以及空气捕捉CO_2）发生甲烷化反应生产绿色天然气。

从整体看，尽管“油转化”“油转特”和行业用能低碳化等带来了部分增量用氢需求，但原油加工量下降对行业用氢需求带来的减量影响更为显著，最终导致预测期内炼油石化用氢规模的降低。

4.3.3 钢铁行业氢冶金将从部分氢还原冶金、富氢冶炼逐步向全氢冶炼转变

目前，我国钢铁行业的碳排放规模约 18 亿吨 CO_2，仅次于电力行业，既是能源密集程度最高的行业之一，也是碳排放占比最高的制造业之一，面临巨大减碳压力。2020 年我国粗钢产量为 10.5 亿吨，是全球最大的钢铁生产国，生产流程以碳排放强度高的传统长流程高炉—转炉工艺（BF-BOF）为主，产量占比约 90%，该工艺以焦炭为原料在高温下产生还原剂 CO，并将铁矿石还原为铁，生产 1 吨粗钢的碳排放量达 1.6~1.8 吨 CO_2；碳强度相对较低的短流程电弧炉工艺（EAF）产量占比 10%；氢直接还原铁工艺（H_2-DRI）占比极低。

由于焦炭炼钢难以通过电气化脱碳，单纯依靠能效提升或废钢利用等方式的减碳潜力相对有限，以氢气替代焦炭作为氧化铁的还原剂，进而减少焦炭或煤炭使用的“氢冶金”，被钢铁行业视为替代“碳冶金”，实现碳中和目标的关键技术之一。回顾历史我们发现，18 世纪诞生的炼焦行业不仅催生了近代钢铁工业，而且开启了氢气商品化利用的进程，进入 21 世纪，以绿氢冶金替代焦炭冶金，不仅体现了钢铁行业的发展和进步，而且再次为氢能应用打开了新空间，更是对以科技进步提升全人类福祉这一工业革命精神的完美传承。

从应用场景看，氢冶金将从掺氢冶金和富氢冶金，最后向全氢冶金转变。近期，钢铁行业将被国家正式纳入全国碳排放交易体系，碳减碳

约束日趋严格。受限于“以氢代焦”的高成本，钢铁企业将致力于开发混氢冶金技术，例如，高炉富氢冶炼工艺以工业副产氢为原料，改造成本低且具备技术经济性，是重要的氢冶金过渡工艺。到2030年，随着富氢碳循环高炉冶炼、氢基竖炉直接还原铁等技术取得突破性进展，氢冶金规模将达到1000万吨，用氢需求近50万吨。此后，在碳价格走高（200元/吨CO_2以上）和低碳氢经济性提升（10~15元/千克H_2）的推动下，氢冶金将逐步具备与碳冶金竞争的能力，但由于炼焦产能逐步萎缩，副产氢资源减少，氢冶金还原剂将从副产氢转向低成本绿氢。同时，随着城市化进程逐步放缓以及人口达峰下行，我国粗钢产量也将逐步减少，2050年后，富氢冶金技术将逐步被减排潜力更大、技术装备趋于成熟的新一代全氢冶炼工艺所取代，每吨粗钢用氢量50~80千克，绿氢冶金可真正实现“零排放”。到2060年，预计我国粗钢产量将降至约6亿吨，其中废钢—电弧炉工艺占比约60%，高炉—转炉配CCS工艺占比15%，直接还原铁工艺占比25%，氢冶金对钢铁行业的减碳贡献将超过10%。届时，钢铁行业用氢需求将达1400万吨，占工业部门用氢总量的32%，仅次于化工行业。

4.3.4 建材等其他行业用氢仍需突破关键路径的技术经济性瓶颈

建材等其他行业主要包括水泥、玻璃、陶瓷等用氢，氢气在这些细分领域主要是作为高品位热源、保护气等。在这些难以实现完全电气化的细分领域，绿氢将成为建材行业实现低碳转型的重要替代燃料。

水泥行业。属难脱碳行业，氢能是行业低碳转型的替代燃料之一。2020 年我国水泥产量为 23.95 亿吨，每吨水泥熟料生产环节的碳排放水平约 0.86 吨 CO_2，用能主要是煤炭和电力，以前者为主。氢能在推动水泥生产低碳转型方面具备一定的应用潜力，一方面，水泥生产过程产生的大量余热可回收并用于发电，再利用电解水制氢替代化石燃料，同时电解水得到的氧气可供窑炉使用，实现纯氧 / 富氧燃烧；另一方面，在窑炉燃料中掺烧氢气，可减少水泥熟料生产的碳排强度。"十四五"时期，我国将加快研发绿氢煅烧水泥熟料关键技术[16]，主要目标是替代燃煤。此外，水泥企业可以和化工企业实现协同发展，前者将窑炉燃烧产生的 CO_2 捕捉后，作为碳源供后者与绿氢反应生产绿色甲醇或其他合成燃料，实现可持续发展。

预计 2030 年，我国将在窑炉氢煅烧等低碳技术领域实现突破。此后，随着生物质能、氢能等替代燃料以及电气化技术装备逐步走向成熟，氢气对传统燃料的替代率将逐步提升。2035 年前后，氢气对窑炉传统燃料的替代率有望突破 2%，将为水泥熟料生产阶段的碳减排做出一定贡献，水泥行业氢气消费量有望达到 80 万吨以上。到 2060 年，随着我国水泥产量达峰下行至 8 亿吨以下，氢气作为水泥窑炉燃料的替代率可达 9%，相对应的氢气消费规模可达 140 万吨，约占全国氢气消费量的

---

⑯ 中国科学院大连化物所和中材节能正在开展"双供氢系统水泥熟料氢能煅烧及窑炉烟气 CO_2 转化利用研究"。

1.7%，占工业氢气消费量的3.2%，其他窑炉替代燃料将来自生物质能等其他可再生能源。

玻璃行业。属难脱碳行业，氢气既可作为保护气，也可作为低碳燃料。一方面，玻璃行业将氢气和氮气的混合气体作为浮法玻璃生产工艺的保护气；另一方面，氢气可作为替代燃料，通过燃氢/天然气或燃氨熔窑减少玻璃生产环节的碳排放，2040年后，随着玻璃熔窑氢能利用技术装备逐步成熟，在拥有低成本氢源的地区，氢窑炉可与电熔窑一道为玻璃企业提供碳中和解决方案。

陶瓷行业。属难脱碳行业，氢能可作为低碳替代燃料。目前，行业用能以化石燃料为主，主要包括煤、天然气以及液化石油气。2030年前天然气是低碳燃料的重要选择，其使用率主要受气价和供应规模等因素影响。氢（氨）虽暂不具备经济性，但是替代燃料的重要选择方向，陶瓷企业正在探索开发以氢气/天然气为混合燃料，或者以氨为单一原料的新型窑炉，解决替代燃料高效稳定燃烧以及烟气NO_x排放等技术问题；2030年后，电热式辊道窑、燃氢（氨）气辊道窑等新型窑炉技术装备将日趋成熟，随着绿电和生物质能等可再生能源利用规模的提升，电气化（包括电气混烧）将成为窑炉低碳转型的重要技术。在低成本氢源丰富地区，氢能（包括氢基合成燃料）将是陶瓷行业实现碳中和目标的重要选择之一。

4.4 交通部门用氢将呈现陆运为先、水空运跟进的发展特点

发展氢能交通是我国建设交通强国，打造绿色低碳的交通运输体系的重要内容。目前，我国交通部门的终端能源消费以油品、天然气和电力为主，且油品占主导地位，能源活动相关的碳排放规模较大，2020年约为12.9亿吨CO_2，占我国能源活动相关碳排放总量的14%。随着氢能和燃料电池等关键技术取得突破并在交通部门推广应用，氢能交通将成为交通部门实现减碳发展目标的关键路径。

交通部门是氢能产业发展的先导领域，并有望成长为仅次于工业的第二大用氢部门。低碳氢能在交通部门将主要用于难脱碳的中远途和中重型交通运输领域，特别是在缺乏电气化条件的地区，以及北方冬季寒冷地区。《报告》研究的交通用氢既包括直接用氢，也包括间接用氢。其中，直接用氢需求主要来自氢燃料电池和氢内燃机交通工具，前者能量转换效率可达40%~60%，但系统成本目前较高，后者能量转换效率可达30%以上，尚不及燃料电池系统，不过内燃机系统的成本远低于燃料电池系统，且具备多种燃料适应性，对氢气纯度要求不高（与燃料电池相比），可提供高功率输出，更适合高负荷运行工况，但氢内燃机发展尚需克服早燃[17]、回火、爆震，以及NO_x排放问题，与使用汽油等传统燃料的其他内燃机相比，还需要进行专门的防“氢脆”处理。间接用氢需求主要包括绿氨、绿色甲醇等交通用氢基燃料，未来将用于航空、水

⑰ 氢内燃机虽不产生CO和CO_2，但有少量NO_x污染物排放。为抑制NO_x的产生，工程师通常会加大空气供应量，但这也导致氢内燃机功率的降低，需要涡轮增压或机械增压提高动力。氢气点火能量低，极易在进气门关闭、火花塞未点燃时被燃烧室内的局部热点引燃，即“早燃”，造成能量损失和功率下降。

运、道路和轨道交通等领域，行业企业正积极探索开展氢能交通的示范应用。

氢能交通的发展分为三个时期：2020—2025 年为培育期，2020 年是我国氢能交通发展元年，国家出台《关于开展燃料电池汽车示范应用的通知》，明确了“十四五”期间“3+2”燃料电池汽车示范城市群将率先打通氢能产业链各环节堵点。该时期，政策鼓励氢能形成上中下游协同发展机制，氢能交通占交通用能的比重较低，到 2025 年氢能在交通部门的消费规模将超过 30 万吨（以氢计，下同）。2025—2040 年为成长期，氢能交通由产业培育逐步向商业化过渡发展，公路“氢走廊”、绿色甲醇用于远洋运输等场景逐步由示范向成熟过渡，到 2040 年交通部门的氢能需求将超过 500 万吨，占该部门用能总量的比重将接近 4%。2040 年之后为成熟期，以绿氢燃料为主、绿色甲醇以及绿氨等氢基燃料经济性明显提高，形成以道路交通用能为主，水路和航空多元化发展态势。预计 2060 年交通部门的氢能需求[18]将超过 2800 万吨，占该部门用能总量的比重约为 27%，其中道路交通用氢约占八成（见图 4.1）。

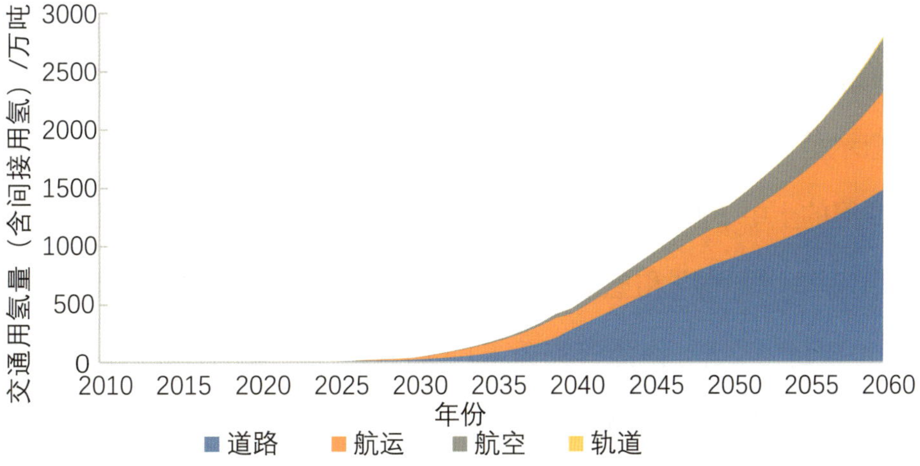

图 4.1　分运输形式的交通用氢需求

⑱ 需求=消费+净出口。

4.4.1 公路交通是交通部门用氢的主阵地，氢能交通将与纯电交通实现多元发展

公路交通将是各种交通方式中碳中和路径最为清晰，最早实现碳中和的交通领域。随着动力电池成本的下降，低载重量的私家车、城市物流、城市客车以及部分专用车完全实现电动化难度较低。但是，由于当前液态动力电池的单位质量能量密度仅为170~200瓦时/千克，是油气储能密度的1%左右，是氢能储能密度的0.5%，因此，对于高载重量的重卡、城际物流、城际大巴等电动化难度较大的领域，氢能交通解决方案具备发展潜力。以49吨半挂牵引车为例，远距离运输续驶里程在300千米以上，需要配置容量565千瓦时的动力电池，电池自重达3.5吨，在同样行驶里程下，纯电动重卡全生命周期总载货量将较柴油车或燃料电池车减少140万吨千米（在每次均为满载情况下）。因此，在中长距离以及高载重量车型领域，燃料电池车具有发展优势及空间。

当前制约燃料电池车发展的主要瓶颈是经济性。全生命周期燃料电池车单位成本是柴油车及换电重卡车型的2倍左右（见图4.2），亟须加快打造示范性"氢走廊"商业模式以及大力推进技术降本，突破制约产业良性发展的上中下游瓶颈。预计2035年前后燃料电池汽车有望实现规模化应用，届时"绿氢"和氢燃料电池系统成本将较目前有大幅下降，氢能车[19]（主要是公交车、物流车和重卡）、加氢站保有量将有较大增幅，液氢储运、氢气管输将在领先地区快速发展，氢能交通基础设施将逐步完善。

---

⑲ 仅按燃料经济性测算，1千克氢气热值相当于5.5升柴油，当油价为40~90美元/桶时，氢气成本降至30~40元/千克，即可实现与柴油平价。

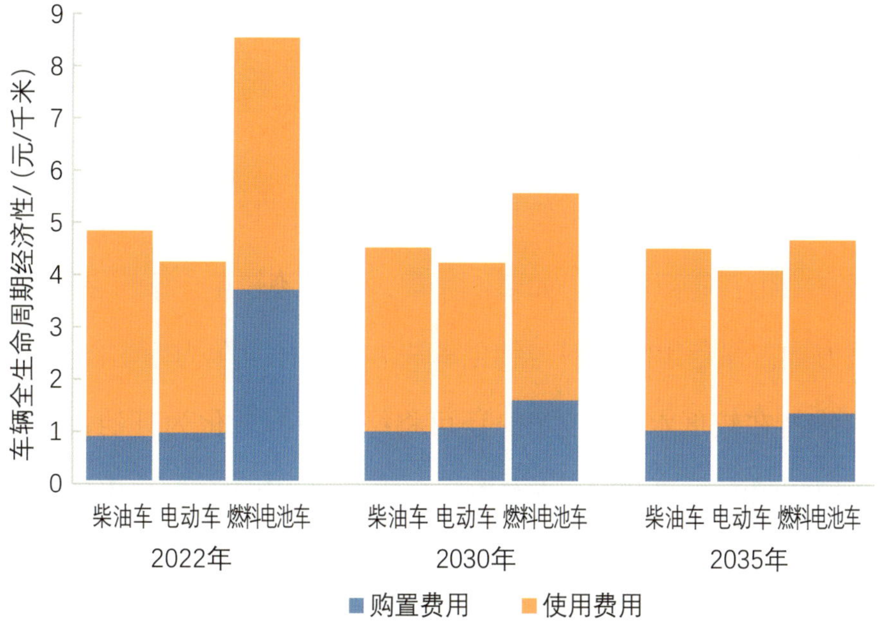

图 4.2 不同燃料类型 49 吨重卡全生命周期经济性对比

注：1. 电车采用换电重卡模式。2. 所有车型均在无补贴条件下进行经济性对比。

不同机构对我国氢能汽车发展规模的中长期预测差异较大。国家发布的《氢能产业发展中长期规划（2021—2035 年）》提出，到 2025 年我国燃料电池汽车保有量达到 5 万辆。而主要省（区市）出台的“十四五”时期氢能发展规划涉及的规划期末氢能汽车目标已超 10 万辆。《节能与新能源汽车技术路线图 2.0》中提到 2025 年我国氢能汽车保有量达 10 万辆，2035 年进一步提高至 100 万辆。

综合考虑“双碳”政策环境，氢车、氢源、氢站匹配情况以及不同道路交通解决方案的技术经济性分析，研究组预计 2025 年我国氢燃料电池汽车保有量为 3 万~5 万辆，2030 年增至 20 万~30 万辆，2040 年达到 300 万辆，2050 年突破 1000 万辆，2060 年达 3000 万辆左右（见图 4.3）。到 2060 年，氢能（包括氢和甲醇等氢基合成燃料）将占我国道路交通用能需求的近 1/3（见图 4.4）。

目前公路用氢基燃料主要是车用甲醇燃料，其存在的主要问题是当前甲醇多由化石能源生产，如煤制甲醇，碳足迹较重，不符合低碳交通的发展方向，绿色甲醇燃料与纯电解决方案相比竞争力不足，长期看渗透率将维持在较低水平。当然，还可将绿色甲醇转化为其他合成燃料，如利用甲醇制汽油（MTG）技术生产合成汽油，用甲醇制二甲醚（DME）替代柴油，有效利用存量加油站等化石燃料基础设施，但因转化环节多且合成燃料燃烧后仍有碳排放，部署成本高、能效损失大，只有在较强政策约束的条件下才有望实现规模化部署。

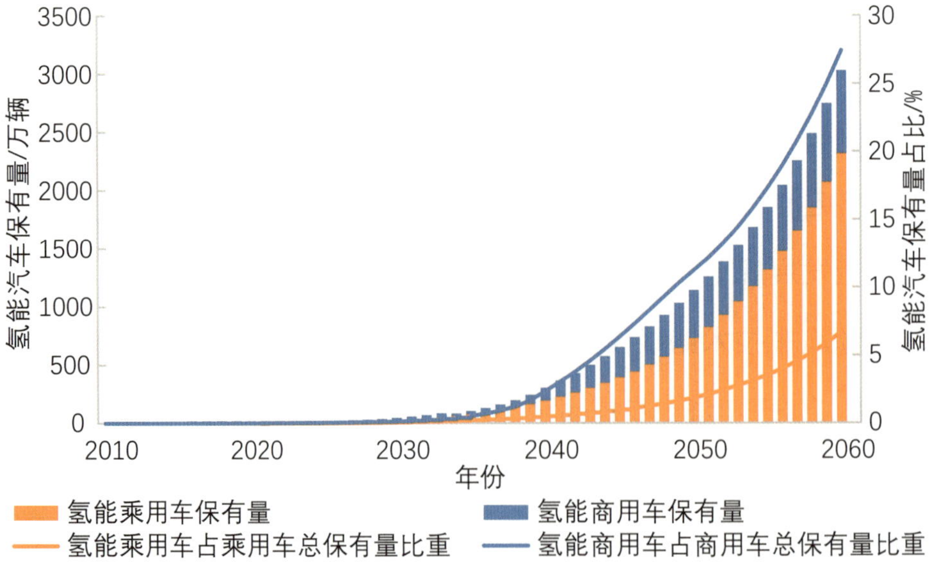

图 4.3　氢能汽车保有量及占比

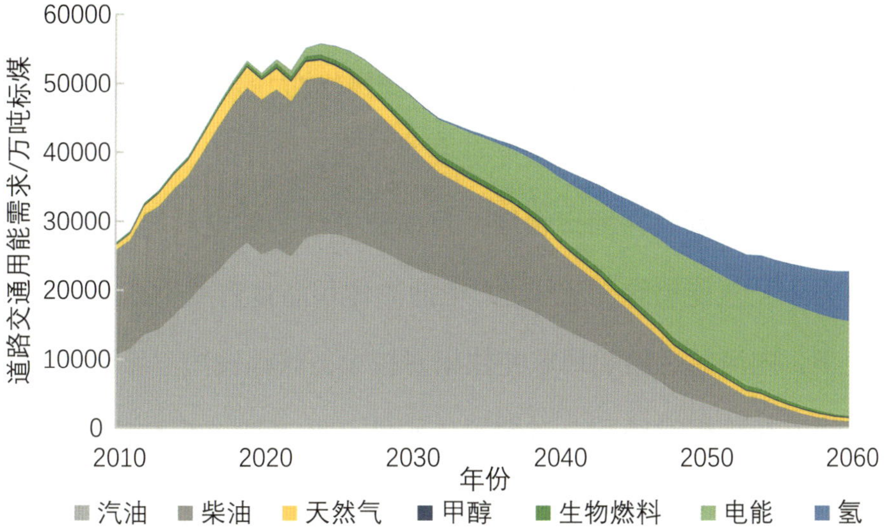

图 4.4 道路交通不同燃料需求趋势

4.4.2 航运交通用氢的主力将是氨和甲醇等低碳氢基燃料

航运交通是交通部门仅次于道路交通的消费领域，具备一定的发展空间。航运业面对碳减排压力较大，碳减排难度也较大。当前航运燃料对船用燃料油和天然气等化石能源依赖较重，亟须寻找可减少碳排放的替代燃料。行业普遍认为，海运船用燃料将由传统船用燃料油、LNG（或LPG）逐步过渡到包括氢能在内的低碳燃料，如绿氨和绿色甲醇，基于生物质碳源和绿氢的可再生甲醇生产成本较高，船运业需要适时为船用燃料设定合理的碳足迹门槛，加快低碳燃料的发展步伐。从目前看，尚没有一种低碳替代燃料对其他低碳燃料形成全方位、压倒性优势，尚不能完全替代当前船用燃料油的核心地位。

氢和氢基合成燃料都具备减碳潜力，是船用低碳燃料的重要选择方向。与纯电动船舶相比，氢和氢基合成燃料动力船舶具有燃料加注时间更短、续航里程更长、功率密度更高等特点，更适用于大功率、长航程的应用场景，特别是在海运领域，目前研究认为纯电动船舶在海运市场的竞争力不及氢能船舶，因为动力电池的体积能量密度不高（见图 4.5）。相比之下，内河航运船舶载重吨位相对较小、航程较短、靠港频次较高、燃料 / 动力补给相对便利，对燃料体积能量密度要求相对较低，电动船舶和氢能船舶都具备发展机遇。船运界对氢直接用作海运船用燃料持谨慎态度，认为氢燃料电池的功率多在千瓦级别，适用于内河和近海小型民用船舶，而中大型船舶往往需要兆瓦级别的动力，特别是用于海洋运输的大型商船和油轮等。预计航运业将是氨交通燃料发展的主阵地，考虑到氨具有毒性，一旦泄漏将对水域及周边环境造成较大危害，预计氨未来较难用于内河和近海运输，但有望作为远洋运输的重要替代燃料，在航运交通领域与氢动力形成互补关系。

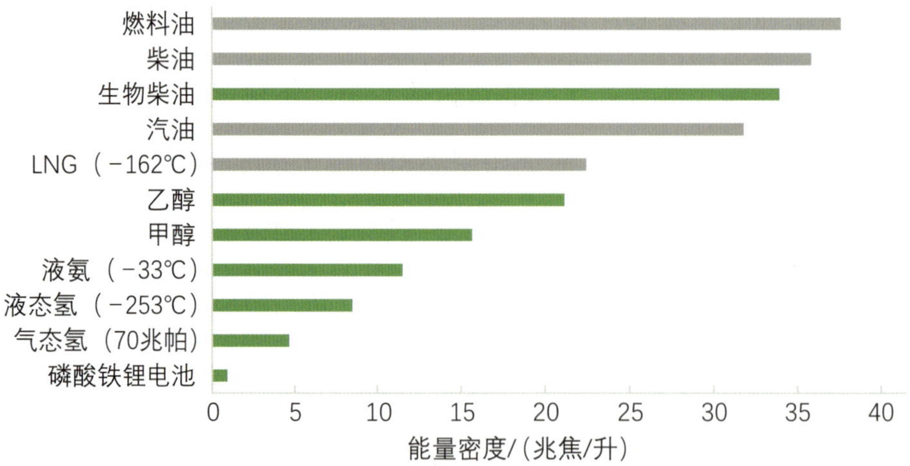

图 4.5　不同交通能源体积能量密度对比

海运氢能船舶按燃料类型可分为氢燃料船舶以及氨 / 甲醇等氢基燃料船舶，按动力装置可分为氢能内燃机船舶和氢燃料电池船舶。其中，氢 / 氨 / 甲醇内燃机船舶对传统船体结构的改动小、耐久性好，对氢气纯度要求低，生产成本低，易实现产业化。国际甲醇协会估计 2027 年前全球将有 100 艘甲醇动力船舶下水。氢燃料电池船舶能量转换效率高，但经济性有待提升。在长距离运输领域，与氢能相竞争的低碳船用燃料解决方案主要是可持续生物燃料，如生物基脂肪酸甲酯（FAME）和氢化植物油（HVO）等，切换至这类燃料无须对现有船用燃料油船舶进行改造。以较低成本改造现有船队，有助于船运业如期实现脱碳目标，根据 2022 年 DNV 船级社和发动机制造商 MAN Energy Solutions 进行的一项评估表示，将现有船舶的二冲程发动机改装为氨或甲醇等双燃料发动机的成本不超过新船建造价格的 25%，但同时，大规模双燃料改装还需要应对 IMO 法规、船厂产能、成本和资金等方面的挑战。

从替代燃料的经济性对比来看，假设国内某氢基合成燃料生产厂的绿氢原料成本为 23.3 元 / 千克、CO_2 原料成本为 303 元 / 吨，则绿色甲醇的完全成本约为 5663 元 / 吨，绿氨的完全成本约为 4727 元 / 吨。按照等热值计算，2.4 吨甲醇或者 2.9 吨氨相当于 1 吨船用燃料油，在国际油价为60~80美元/桶时，低硫船用燃料油的价格为4000~4800元/吨（不含税），则在当前市场情况下，绿色甲醇或绿氨船用燃料的使用成本为传统船用燃料油的 2~3 倍。从成本构成看，氢气成本约占氢基合成燃料总成本的 70% 以上，降低绿氢成本有利于提升绿色甲醇或绿氨的竞争力。同时，碳价格走高将增加传统船用燃料油的使用成本，可间接提升氢基燃料竞争力。例如，2030 年前，因绿氢和绿色甲醇成本相对较高，若要使绿色甲醇相对于低硫船用燃料油实现平价，则（国际）航运市场碳价格须达 900 元 / 吨 CO_2 水平（约合 117 欧元 / 吨 CO_2），届时绿色甲醇将具备竞争力（见图 4.6）。

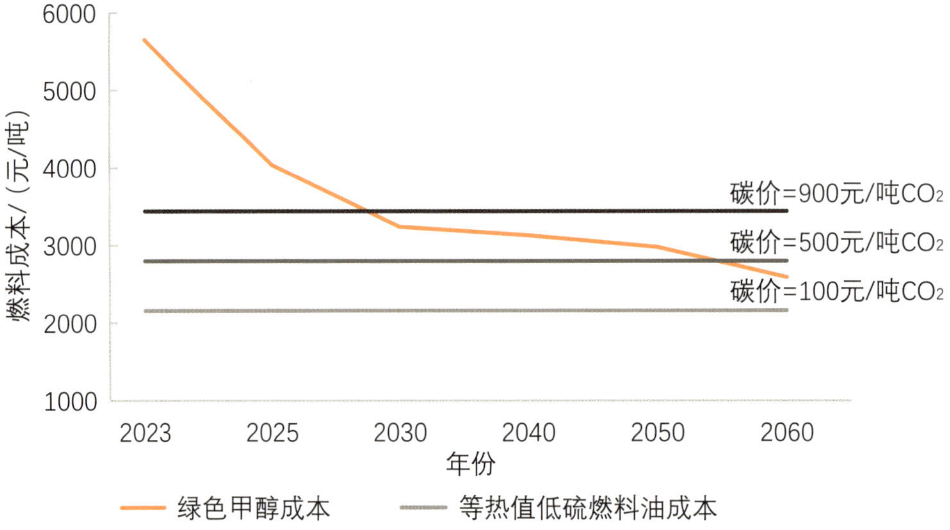

图 4.6　绿色甲醇成本与等热值低硫燃料油成本对比

注：燃料油成本按照油价60美元/桶测算。

综合判断，2030 年前，我国船用燃料的低碳转型路径主要是由传统船用燃料油转向 LNG 和甲醇，氢能和电能将在更远期发挥较大作用。预计 2060 年氢能替代燃料将占我国航运用能需求的 20%~30%（见图 4.7）。

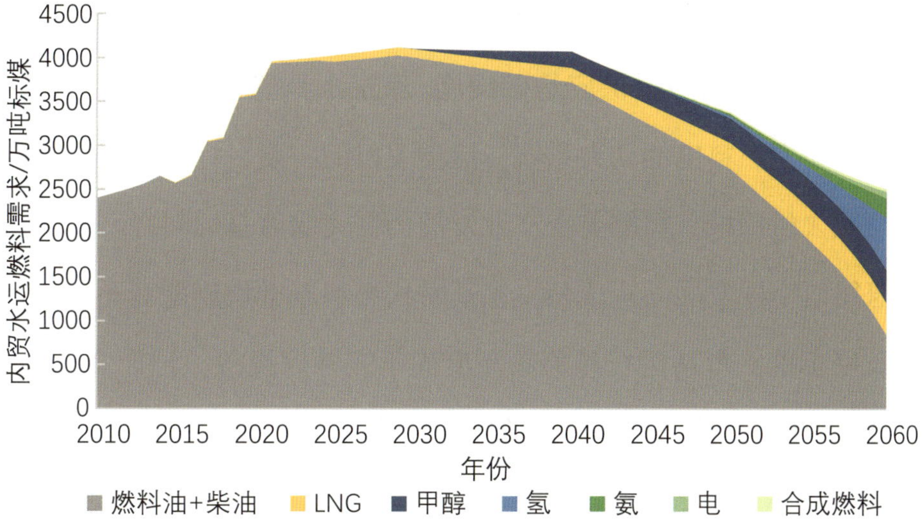

图 4.7 内贸水运不同燃料需求趋势

4.4.3 航空交通领域氢基替代燃料将占据一定地位

航空业目前主要使用航空煤油作为燃料，碳中和转型难度大，是典型的难脱碳领域，也是氢能交通发展的重要方向。2023 年我国发布的《绿色航空制造业发展纲要（2023—2035 年）》明确提出，积极布局氢能航空关键技术研发，到 2025 年氢能源飞机关键技术完成可行性验证；研究建立氢能航空标准体系，开展氢能航空适航审定技术预先研究，加速氢能航空发展。

未来氢能航空的发展路径：一是在航空涡轮发动机体系下，以氢（氨）或其他氢基合成燃料作为航空煤油的替代品，并对现有发动机体系进行适应性改造，形成新的航空动力系统，多适用于支线飞机及中大型飞机。

但在该领域，氢能将面临生物航煤解决方案的有力竞争，因为后者无须改变现有发动机和燃料供应基础设施，航空工具的切换成本相对较低。二是采用新型燃料电池动力系统，这类飞机的主要目标市场是小型支线飞机及无人机领域。氢能航空产业发展仍需克服氢基燃料经济性有待提升、氢能航空器发展尚未成熟、氢基替代燃料基础设施配套不足，以及氢能航空标准、市场运行和监管制度尚不完善等挑战。预计 2060 年氢能将替代 5% 左右的国内航空用能需求。

4.4.4 轨道交通用氢主要面向难电气化铁路和城市轨道交通

氢能轨道交通的主要部署方向有铁路交通和城市轨道交通。相对于电驱动列车，氢能列车可节省高昂的接触网建设成本，未来有一定发展空间。其发展尚需得到国家政策支持，建立完善行业技术标准。此外，由于氢动力系统功率等级和车载储氢量的限制，氢能列车更适用于调车机车、城市有轨电车和城际列车等应用场景。到 2060 年，氢能将替代目前占国内轨道交通用能 5% 左右的柴油消费。

铁路交通方面。氢能列车在难电气化的铁路线具备部署优势，可替代柴油列车，在旅游景点用氢能列车作为观光列车，还有利于保护景区景观和空气质量。从国外示范线路的运行效果看，氢燃料电池驱动的列车每消耗 1 千克 H_2 可替代约 4.5 升柴油，同时显著降低对环境的影响。随着我国氢能铁路交通相关的国家或行业标准逐步建立完善，以及氢能基础设施网络的逐步成熟，氢能列车具备一定的发展空间。

轨道交通方面。以城市轨道交通为例，氢能轨道交通可减少电气化铁路的接触网、变电所等复杂工程问题，降低铁路一次性建设成本和生命周期运营成本，氢动力列车线路可较传统高铁线路节约成本10%~20%，同时建设周期短，运营维护更加简便。在预测期内，氢能轨道交通将成为传统轨道交通的重要补充，在一些经济较发达城市地区，如具备可再生氢资源条件，且无须与已有铁路联网，就具备发展氢能轨道交通的基础，同时为铁路运输提供“零碳”解决方案。

4.5 建筑部门用氢立足已有基础设施，拓展氢能热电联供

目前，我国建筑部门的终端能源消费以电力、天然气、煤炭和油品为主，电力占主导地位，能源活动相关的碳排放规模较大，2020 年约为 15.2 亿吨 CO_2，占我国能源活动相关碳排放总量的 16%。建筑部门也称民用 / 商用领域，能源消费活动碳排放源相对分散，难以进行集中性碳捕捉，碳减排难度大。该部门未来用氢需求主要来自居民和商业设施的冷热电气综合能源服务，包括天然气掺氢和氢燃料电池系统热电联供等，储氢也可作为建筑部门用能的季节性调峰手段，提高重点地区能源安全保障的可靠性，增强民生用能服务体系的供给韧性。

氢能是建筑部门实现深度脱碳的重要抓手。在经济发达地区，特别是国内一、二线城市，人口相对密集，服务业在经济结构中占比较高，受土地成本普遍较高、新能源资源开发潜力相对有限等约束，建筑部门有效脱碳是这些城市实现碳中和目标的关键之一，依托城市输气管网引入外部绿氢，建立完善氢能供给配送基础设施，提高绿氢消费比重，将是这些地区的建筑部门实现碳中和目标的重要选择。

建筑部门将更多使用源头治理方式控制碳排放。绿氢与天然气掺氢、绿氢与建筑用氢燃料电池等技术组合，有望提供低碳建筑解决方案。2030 年前，重点推动“氢进万家”等科技示范工程，突破氢能应用技术瓶颈，建立完善建筑部门用氢技术标准体系，其间，受氢源资源规模和经济性等约束，预计氢能在建筑部门的渗透率和消费规模都相对较低。2030 年后，随着绿氢供应规模的提升和应用成本的持续下降，部分资源条件优越或经济发达地区，将率先在民生用能、建筑供能、应急保障等应用场景推广应用氢能技术，带动氢能消费量持续提升。到 2040 年预计我国建筑部门用氢消费规模将达 247 万吨，到 2050 年达到 500 万吨，此后，随着人口数量规模持续下行以及电气化率持续提升，到 2060 年建筑部门的氢能消费规模将降至约 340 万吨，氢能占全国建筑部门用能总量的比重约在 2%，届时部分城市天然气管网掺氢比重或将超过 30%。

4.6 电力部门建立氢电耦合体系，为新型电力系统提供灵活性和安全性保障

目前，我国电力部门的发电量以化石能源发电为主，非化石能源发电量约占 1/3，能源活动相关的碳排放规模较大，2020 年约为 38.6 亿吨 CO_2，占我国能源活动相关碳排放总量的 41%，减碳转型发展压力较大。预测期内，利用掺混低碳氢能燃料与化石能源发电的耦合技术，可减少后者的碳排强度，与此同时，随着高比例可再生电力将随机性、波动性和不稳定性引入电力部门，通过建立可再生能源发电与可再生电力制氢的“电氢耦合”体系，可实现异质能源跨地域和跨季节优化配置，为电力系统提供更高水平的灵活性、稳定性、安全性和可靠性。

从应用场景看，一是“电转氢”，发挥氢能可实现大规模、长周期储存的优势，使之成为规模化利用弃风弃光弃水等富余可再生电力的有效储能载体，还可利用电氢转化，平抑新能源发电的间歇性和波动性。例如，电解水制氢工厂的生产装置具有较强的功率波动适应性，可实现输入功率的秒级甚至毫秒级响应，在有条件的情况下，可作为“储能电站”接受电网调度，参与电网调峰调频等辅助服务。二是“氢转电”，利用火力发电燃料的掺氢（氨）技术和设备改造，可推动现有煤电和气电装机的减碳转型，在有条件的地区还可发展氢储能电站，与电化学储能电站一道更好地满足电力部门对可调度零碳电力的需求，参与调峰调频、

季节性调峰或作为安全备用，有效保障极端天气和突发事件下的紧急用电需求。在城市或偏远地区，还可将固定式氢燃料电池系统作为长备用周期的应急电源，为医院、通信基站、数据中心、商业设施等提供应急保障。预测期内，分阶段看氢能在电力部门的发展前景：

在碳达峰阶段，电力部门用氢以焦炉煤气发电为主，低碳氢能应用受经济性制约，仍处于探索起步阶段。2020 年电力部门氢气消费量约 102 万吨，全部来自焦炉煤气所含氢气，对应氢能发电量约 100 亿千瓦时，低碳氢能发电规模有限。到 2030 年，电力部门氢气消费量将保持在 100 万吨以上，氢能发电量约 112 亿千瓦时，增量主要来自低碳氢发电示范项目。其间，由于“电—氢—电”转化效率较低，纯氢发电成本较高，电力企业主要开展掺氢发电技术研发和示范应用，如煤炭掺氨和天然气掺氢发电。同时，氢储能技术应用成本高，与抽水蓄能和电池储能等低成本技术相比竞争力不足，也以技术开发和验证为主。

在碳中和阶段，电力部门低碳氢能应用将进入实质性部署。随着新型电力系统建设的推进，在碳价提升和碳排放“双控”政策影响下，煤电和气电的成本将逐步提升，掺氢（氨）发电用氢需求稳步增长。同时，随着高碳排火电的逐步退出，终端用户对稳定可靠绿色电力的需求将逐步增加，为纯氢发电带来了一定的成长空间。预计到 2040 年，电力部门发电用氢规模将突破 200 万吨（含氨能发电折氢气需求），氢能发电规模将超过 210 亿千瓦时，占全国发电总量的比重将达到 0.2%，发电用氢占氢气消费的比重将突破 4%；到 2060 年，电力部门用氢需求将突破 800 万吨，其中约一半来自氨能发电，氢能发电规模将超过 1100 亿千瓦时，占全国发电总量的比重可达 0.6%，发电用氢占氢气消费的比重将达到 9%。届时，如果将电力部门的氢转电设施视为我国应急保障电力的重要来源，氢能年发电量规模对应极端情况下全国用电需求的小时数可达 55 小时，接近极端情况下储能设施 120 小时持续放电能力要求的一半，氢能将在供电应急保障领域发挥重要作用。

第5章 氢能产业关键环节技术经济性展望

Prolouge 引言

氢能产业发展关键环节的技术经济性分析是开展氢能中长期研究的重要基础。本章重点分析氢能产业的制氢、储氢、运氢、加注等关键环节的技术发展路径并开展经济性评价。

5.1 制氢环节

5.1.1 制氢现状：煤制氢成本低，电解水制氢成本是煤制氢的1.5倍以上

当前，我国制氢环节的平准化成本为 12~35 元 / 千克 H_2（下文所称“成本”均指平准化成本）。其中，化石能源专门制氢技术成熟可靠，煤制氢平准化成本相对较低，天然气制氢次之，可再生能源电解水制氢的平准化成本相对较高，为煤制氢的 1.5~2 倍（见图 5.1）。

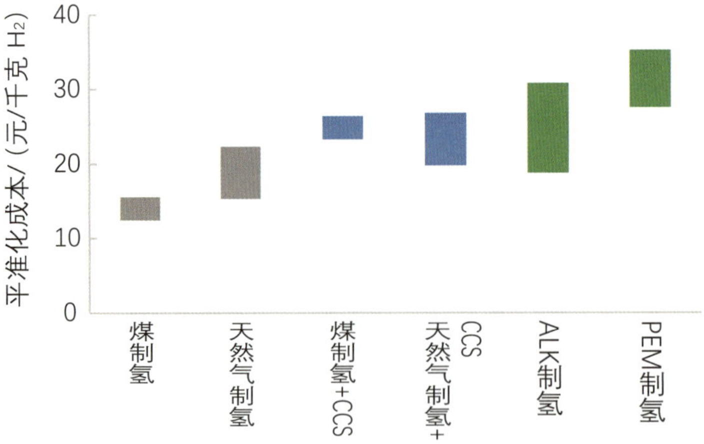

图 5.1　我国氢气制备环节成本现状

注：煤价550~900元/吨，气价2.5~4元/米^3（标准），电价0.2~0.4元/千瓦时，CCS成本400元/吨CO_2。ALK制氢指碱性电解水制氢。PEM制氢指质子交换膜电解水制氢。

煤制氢是我国氢气供应的主体，技术成熟，成本低廉，但碳排放问题严重。当前煤制氢平准化成本为12~16元/千克H_2（对应折旧法成本9~13元/千克H_2），煤炭成本约占50%，因此煤价是影响煤制氢成本的首要因素。煤价每上涨1%，将提高制氢成本0.45%，当煤价升至1500元/吨时，制氢成本将突破20元/千克H_2，市场竞争力减弱。2022年，我国煤制氢总量约2300万吨，带来4.7亿吨的二氧化碳排放，约占我国能源活动相关二氧化碳排放总量的5%。

天然气制氢也是一项成熟技术，成本略高于煤制氢，碳排放强度低于煤制氢。当前天然气制氢平准化成本为15~22元/千克H_2，天然气成本占比80%以上，因此气价是影响制氢成本的首要因素。气价每上涨1%，将提高制氢成本0.8%；当气价升至5元/米^{3}时，制氢成本将增至27元/千克H_2，市场竞争力较弱。2022年，我国天然气制氢规模约450万吨，排放约5000万吨CO_2。

蓝氢，即在煤制氢或天然气制氢的基础上增加CCS环节，有利于解决化石能源制氢的碳排放问题。我国CCS产业尚处于示范发展阶段，一方面建成项目数量有限、规模偏小，另一方面CCS产业政策扶持力度有待提升，典型项目的二氧化碳捕集、压缩、运输和封存的全流程成本为300~600元/吨CO_2，以400元/吨CO_2的CCS成本测算，我国煤制氢+CCS的平准化成本为23~26元/千克H_2，天然气制氢+CCS的平准化成本为20~27元/千克H_2。

绿氢，主要是可再生能源电解水制氢，即绿电制氢，由于全生命周期几乎不产生碳排放，被视为21世纪的终极能源。然而，由于技术和工艺不尽成熟，成本偏高，我国电解水制氢规模尚小，多数电解水制氢项目或多或少购入网电，而部分地区网电制氢的碳排放强度甚至高于煤制氢。从“双碳”目标和产业趋势出发，《报告》仅讨论绿电制氢的平准化成本和供应前景。

碱性电解水制氢（简称 ALK 制氢）是现阶段利用最广、成熟度最高的绿氢制取技术。ALK 电解槽制造是我国绿氢产业发展的重要竞争力，国产 ALK 系统成本已降至 2000 元 / 千瓦以下，2022 年占全球市场份额的 40%，彭博新能源财经预计 2023 年国产 ALK 电解槽的全球市场份额将增至 60% 以上。当前 ALK 制氢平准化成本为 18~31 元 / 千克 H_2，用电成本占据制氢成本的 75% 左右，电价和综合电耗是影响 ALK 制氢成本的两大主要因素。电价每下降 1%，制氢成本可降低 0.8%；当电价降至 0.15 元 / 千瓦时，制氢成本将降至 15 元 / 千克 H_2，可与灰氢展开竞争。电解槽能效每提升 1%，制氢成本可降低 1%；当电解槽能效增至 75%，制氢成本将降至 17 元 / 千克 H_2，可与灰氢展开竞争（见图 5.2）。

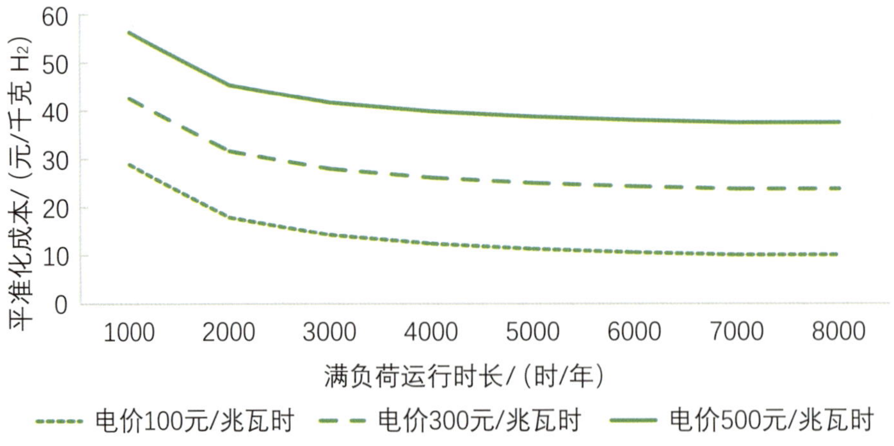

图 5.2　ALK 制氢平准化成本受电价和负荷影响情况

注：ALK 系统成本按 2000 元 / 千瓦测算。

质子交换膜电解水制氢（简称 PEM 制氢）是另一种快速发展、极具前景的绿氢制取技术。其优势在于电解槽能量转化效率的理论上限更高、制氢电耗更少。2022 年我国 PEM 电解槽出货量约 24 兆瓦，仅占电解槽出货总量的 3%，发展相对滞后的原因有三：一是技术成熟度偏低，质子交换膜等关键材料存在国产化瓶颈；二是单槽产能不高于 2.5 兆瓦，远低于 ALK 电解槽 5~10 兆瓦的单槽产能，不利于在工业领域规模化应用；三是电解水系统造价昂贵，国产设备无显著成本优势，设备成本达 8000 元 / 千瓦。当前 PEM 制氢平准化成本为 28~35 元 / 千克 H_2，用电成本是最主要的成本来源，另外资本支出占制氢成本的 41%，因此设备成本成为影响 PEM 制氢成本的另一个关键因素。资本支出每下降 1%，制氢成本可降低 0.44%；当资本支出降至 3000 元 / 千瓦，即降至 ALK 制氢的 1.5 倍，PEM 制氢平准化成本可降至 20.8 元 / 千克 H_2，可与 ALK 制氢展开竞争（见图 5.3）。

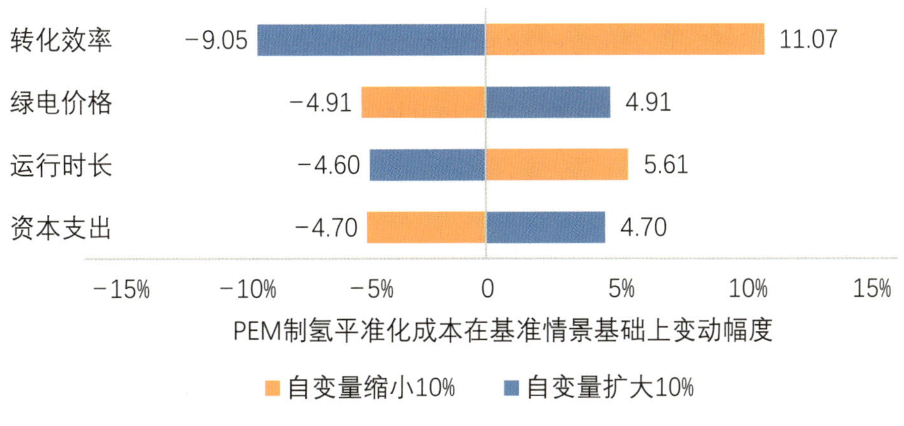

图 5.3 PEM 制氢平准化成本敏感性分析

注：基准PEM电解槽转化效率67%（LHV），基准绿电价格0.25元/千瓦时，基准运行时长4500时/年，基准资本支出8000元/千瓦。

副产氢是我国现阶段一项重要的氢气来源，兼具成本低廉、碳排放低的优势。2022 年，我国钢铁、炼油、化工、氯碱等行业共产生 779 万吨的副产氢，约占我国氢气总产量的 22%。副产氢原料气成本一般为 9~16 元 / 千克，提纯后可用于工业和交通两大领域，现阶段我国交通领域的氢气供应以提纯副产氢为主。工业级纯氢执行 GB/T 3634.2 标准，提纯成本为 2~4 元 / 千克，提纯副产氢总成本为 11~17 元 / 千克。燃料电池用氢气执行 GB/T 37244 标准，对 CO、S、N 等杂质要求更苛刻，因此提纯工艺成本高于工业用氢，为 3~5 元 / 千克，提纯副产氢总成本为 16~21 元 / 千克；然而现阶段氢能交通市场尚在培育，氢气需求存在波动性，从而推高提纯成本，导致市场上提纯副产氢价格可达 25 元 / 千克以上。

除上述方式外，还存在化学品原料制氢、生物质原料制氢等方式。其中，化学品原料制氢指氨、甲醇等含氢化学品发生裂解反应制氢，主要用于玻璃和交通行业，但存在碳足迹问题。根据中国石化经济技术研究院测算，煤制甲醇裂解制氢每千克氢气的碳足迹高达 45.45 千克 CO_2，是煤直接制氢的 2 倍，未来可使用绿色甲醇和绿氨制氢，有效降低站内制氢的碳足迹。生物质原料制氢包括生物质裂解制氢、微生物降解生物质制氢等，因技术成熟度和经济性有待提升，均未达到可商业应用的阶段。从长远看，生物质原料制氢具备可持续性，符合绿色经济发展理念，未来具有一定发展潜力。

5.1.2 绿氢展望：2030年前补齐技术缺口、降本提质，2030年后规模发展

目前，碱性电解水制氢技术相对成熟，PEM 制氢技术处于商业化开发阶段，高温水蒸气电解制氢（SOEC）技术处于商业化开发初期，阴离子交换膜电解水（AEM）处于实验室研发阶段。发展重点是推进碱水电解制氢装备的大型化、集成化，加快 PEM 制氢装备的商业化应用。在关键材料方面，重点布局 PEM 制氢装置催化剂、质子交换膜、扩散层、双极板等关键材料研发及国产化生产，形成 PEM 全国产化装备生产线。在国内绿氢项目的带动下，我国装备制造业持续刷新全球碱性电解槽单槽规模新纪录，国产电解槽有望成为我国出口产品的新名片。

绿氢产业的发展方向，一是高效率，二是规模化。其中，高效率主要依靠电解水领域的技术创新，例如隔膜材料革新、催化剂性能升级、电解槽结构优化等，但这些举措在提高电解水效率的同时，也可能导致投资增加、成本上涨、设备寿命缩短等问题；规模化既要依靠绿氢产业自身发展，例如扩大单槽产能和完善控制系统，也要依靠可再生能源发电、储能等相关产业的进步。绿电间歇供应和制氢工厂持续运转之间的矛盾，是阻碍绿氢规模化应用的一大难题。科技进步和规模化生产，特别是材料创新和装备制造工艺升级，有利于平衡绿氢生产效率、设备寿命、成本之间的三元关系，从而促进绿氢产业成本下降、竞争力提升和发展壮大（见图 5.4）。

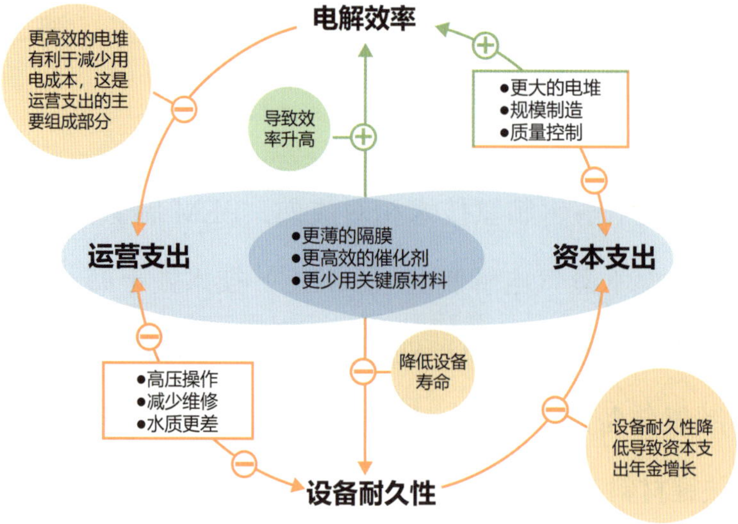

图 5.4 电解槽的生产效率、设备寿命与成本之间的关系

资料来源：IRENA（国际可再生能源署）。

ALK 制氢产业在“大标方”竞赛愈演愈烈的同时，也在积极布局技术创新。近年来，我国 ALK 电解槽规模化、规范化产业链建立健全，已有 40 多家企业推出了 ALK 电解槽产品，并通过“大标方”竞赛，迅速提升了系统集成度、降低了投资成本，目前明阳智能的 1500~2500 米^3（标准）/ 时电解槽和中船派瑞的 2000 米^3（标准）/ 时电解槽在国内居领先地位。未来，国内 ALK 制氢产业需要在科技创新领域积极投入，从而突破瓶颈持续降本：一是追求复合隔膜材料创新，开发更薄、更耐高压、更长寿命的隔膜，通过降低隔膜电阻提高电流密度，提升电解效率；二是开展电极材料和催化剂创新，降低析氢过电位、提高反应效率；三是优化电解槽结构，包括空间利用水平、流场分布情况等，降低电解槽体积重量和电阻；四是开发完善高效制氢辅助管理系统，提高电解槽动态控制能力，实现制氢工厂多个电解槽的联动，更好适应可再生电力的波动性并确保安全生产。

ALK 制氢成本将在 2030 年前迅速降低至 15 元 / 千克左右，随后持续下降并在 2050 年后降至 10 元 / 千克以下。首先，从 ALK 制氢系统成本和转化效率看，预计 2025 年可降至 1500 元 / 千瓦，2030 年降至 1150 元 / 千瓦，2060 年进一步降至 600 元 / 千瓦，电解槽转化效率到 2030 年升至 68%、2060 年升至 78%。其次，从绿电成本和系统运行效率看，预计陆上绿电（以风光发电为主）的平均度电成本将从当前的接近 0.3 元 / 千瓦时降至 2025 年的 0.25 元 / 千瓦时、2030 年的 0.2 元 / 千瓦时、2060 年的 0.14 元 / 千瓦时左右，电解水制氢装置的年运行小时数将由当前的 4500 增至 2030 年的 5000、2060 年的 8000。据此测算，我国 ALK 制氢平准化成本将在未来 10 年以超过年均 3% 的速度下降，到 2030 年降至 15 元 / 千克左右，随后以大约年均 1% 的速度持续下降，到 2050 年降至 10 元 / 千克左右，到 2060 年有望进一步降至 7.6~9.8 元 / 千克［合 0.7~0.9 元 / 米^3（标准）］。

PEM 制氢产业的国产水平和制造规模均低于 ALK 制氢，为了提质增效，需从科技创新自主和产业链供应链建设两端同步发力。PEM 电解槽成本的一半以上来自极板、四分之一是膜电极、近两成是钛毡。其中，极板的痛点在于涂层和工艺，碳基涂层和冲压成型工艺有利于化解痛点；膜电极的痛点在于原材料进口和贵金属催化剂，国内已有企业能自主研发制造质子交换膜、碳纸和催化剂，但产品一致性仍需商业应用检验，完善融资租赁、贵金属回收等商业模式也有利于降低项目投资；钛毡的痛点在于接触电阻高和表面平整度欠佳，也需要材料和制备工艺方面的创新。

PEM 制氢成本将在 2035 年前迅速降低至 13 元 / 千克左右，实现与 ALK 制氢平价竞争，随后持续下降并在 2050 年前降至 10 元 / 千克以下。预计国产化进程将推动系统成本在 2025 年降至 6000 元 / 千瓦，2030 年降至 3200 元 / 千瓦，2060 年降至 800 元 / 千瓦，科技创新和结构优化将促进电解槽转化效率在 2030 年升至 70%、2060 年升至 80%。据此测算，我国 PEM 制氢平准化成本将在未来 15 年以超过年均 6% 的速度下降，到 2035 年降至 13 元 / 千克左右，届时 PEM 制氢与 ALK 制氢的成本差异将趋于消失；随后以大约年均 1% 的速度持续下降，到 2050 年降至 10 元 / 千克以内，到 2060 年有望进一步降至 6.8~9.2 元 / 千克，合 0.6~0.8 元 / 米^3（标准）（见图 5.5）。

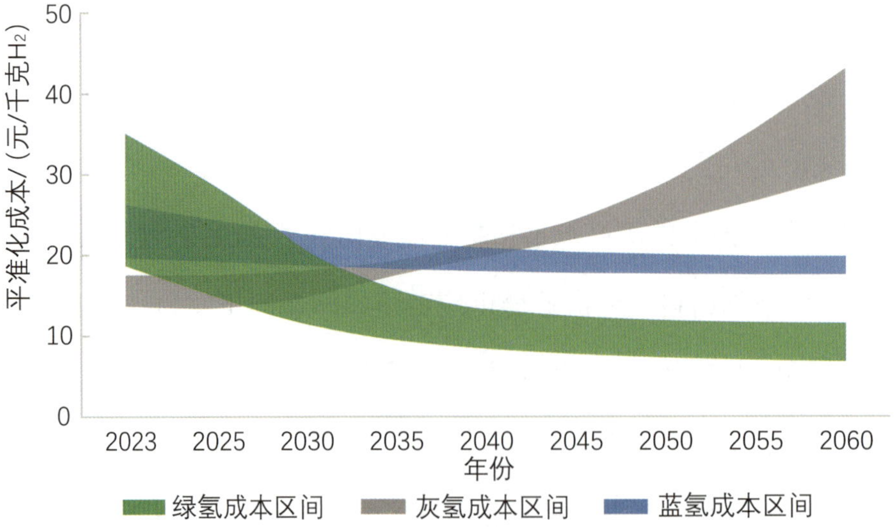

图 5.5　我国氢气制备环节成本预测

注：灰氢碳排放成本自2025年后将逐渐增加。

固体氧化物电解水制氢（简称 SOEC 制氢）也是值得关注的绿氢制取技术。SOEC 制氢具有能效高、灵活性强、原材料廉价易得等优势，在美国是一项比较成熟的技术，根据美国实测数据，算上加热过程的全系统能耗约为每千克 H_2 44 千瓦时，如果利用钢厂、炼厂等余热，可将能耗控制在每千克 H_2 33 千瓦时。我国 SOEC 技术仍处在研发阶段，尚未形成产业链，在陶瓷材料加工、密封材料性能等领域还存在堵点。上海羿晶下线一条年产能 100 兆瓦的 SOEC 电堆自动化生产线，将 SOEC 制氢系统售价降至 10000 元 / 千瓦，据此测算，SOEC 制氢的平准化成本为 30~35 元 / 千克。当系统售价降至 5000 元 / 千瓦，SOEC 制氢的平准化成本将降至 22~25 元 / 千克，可与 ALK 制氢技术展开竞争。

综上判断，“十四五”时期乃至“十五五”初期，我国绿氢产业处于示范发展阶段，需重点完善技术、系统和管理模式，到 2030 年，绿氢产量将增至约 260 万吨，占氢气总产量的比重为 7%。2030 年后，得益于经济性的显著提升，绿氢产业进入规模化发展阶段，供应量迅速增长；到 2045 年，预计绿氢产量增至 3000 万吨以上，占比超过 50%，成为主流氢气来源；到 2060 年，绿氢产量有望增至 7300 万吨，占比 86%。

5.1.3 灰氢展望：“双碳”政策将削弱灰氢竞争力，2040 年后供应萎缩

“双碳”政策和成本竞争力是影响灰氢发展前景的首要因素，化石能源价格、碳价等因素变动也将反映在灰氢制取成本上。从化石能源价

格方面看，我国煤炭对外依存度低，价格相对可控，研究假定煤价保持相对稳定（700 元 / 吨）；我国天然气对外依存度虽在 40% 以上，但国内持续推动天然气增储上产、合理增加天然气进口，有利于在较长时期提高供气保障能力，中长期看天然气市场供需相对宽松，《报告》假定气价也将保持相对稳定（3 元 / 米^3）。随着“双碳”政策的落实，特别是碳中和阶段，我国碳价格将逐渐上涨，届时碳排放成本对灰氢竞争力的削弱作用将愈发凸显。

预计碳达峰阶段（当前至 2030 年），我国碳价有望增至 100 元 / 吨 CO_2，在快速减碳阶段（2031—2045 年），碳价将增至 400 元 / 吨 CO_2，在深度脱碳阶段（2046—2060 年），碳价将达到 900 元 / 吨 CO_2。据此预测，2030 年前后，我国煤制氢和天然气制氢的成本将小幅上升且差距缩小，成本竞争力将被绿氢超越，灰氢与绿氢的平价竞争区间是 17 元 / 千克左右；2030 年后，煤制氢和天然气制氢成本加速上涨且差距扩大，并在 2040 年前后增至 20~22 元 / 千克，成本竞争力被蓝氢超越；到 2060 年，预计灰氢成本进一步增至 28~38 元 / 千克，高达绿氢的 3~4 倍。

基于灰氢经济性预测结论和存量装置运行年限，预计我国灰氢产量将于 2030 年前后达峰，峰值规模约 2900 万吨，随后加速萎缩，到 2040 年降至约 2000 万吨、2055 年跌破 1000 万吨，到 2060 年化石能源专门制氢将全部配置 CCS 转为蓝氢，剩余灰氢将间接来自网电制氢中的化石能源发电制氢。

5.1.4 蓝氢展望：与绿氢同为“双碳”目标下的重要低碳氢源，2035年后逐渐获得成本竞争力

蓝氢发展前景与CCS产业息息相关。当前，我国二氧化碳捕集压缩、储运、封存全流程成本在300~600元/吨，在技术进步和规模效应作用下，在产业政策扶持下，预计我国CCS成本（以每吨CO_2计，下同）在2025年降至370元/吨左右、2030年降至320元/吨左右、2060年降至200元/吨左右，由此测算，我国蓝氢的平准化成本将在2030年降至19~23元/千克、在2060年降至17~19元/千克。

基于蓝氢经济性预测结论以及绿氢替代灰氢前景研判，预计近中期我国蓝氢产业发展的重点在于试验和示范，2030年后蓝氢产业提速发展，生产规模在2040年前突破100万吨，2045年前突破200万吨，2060年达到400万吨，届时在绿氢作为我国未来主力氢源的背景下，蓝氢占氢气总产量的比重预计约为5%。

5.2 储存环节

5.2.1 物理储氢：气态储氢应用场景最广，发展液态储氢需降低能耗

高压气态储氢技术适用于小规模储氢应用场景，在终端应用领域

适用性较广。高压气态储氢以气瓶为储存容器，优点是成本低、能耗少，充放气速度快，动态响应好，缺点是单位质量储氢密度较小。高压气态储氢技术一是用于加氢站等固定式场景中，国内目前以 I 型瓶为主，储氢平准化成本为 2~4 元 / 千克 H_2；二是用于氢燃料电池汽车等移动式场景中，如丰田公司燃料电池汽车 Mirai 已配置Ⅳ型瓶，而我国现阶段车载储氢瓶多采用 35 兆帕的Ⅲ型瓶，部分关键零部件依赖进口，储氢系统造价 4000 元 / 千克 H_2，预计 2050 年可降至 1000 元 / 千克 H_2 左右。

低压气态储氢适用于大规模储氢应用场景下，主要用于工业领域。国内万吨级绿氢示范项目多采用低压球罐储氢，储氢环节的平准化成本控制在 1~2 元 / 千克 H_2（见图 5.6）。低压气态储氢模式的痛点，一是占地面积大、储存效率低；二是存在一定的安全隐患，装置每天的启停以及储氢罐氢气的充装、卸出，对钢材抗疲劳性能以及管阀密封性带来很大的挑战。

在大规模储氢的应用场景下，低温液态储氢技术更具发展前景。低温液态储氢是将氢气压缩冷却到 -253℃以下，使之液化并存放在绝热真空储存器中，氢气液化能耗强度与规模呈负相关（规模越大，能耗越低）。液氢密度为 70.8 千克 / 米 ^{3}，适合大批量、远距离运输，但与常规液体燃料（例如柴油或喷气燃料）相比，液氢体积能量密度仍然很低，商业化应用的难度较大。虽然在欧洲、美国和日本，液氢储运已从航空拓展到民用领域，进入规模化应用阶段，但由于液氢储存容器内外环境温差巨大，对储罐绝热性有极高要求，大容积的低温储罐仍处于理论研究之中。

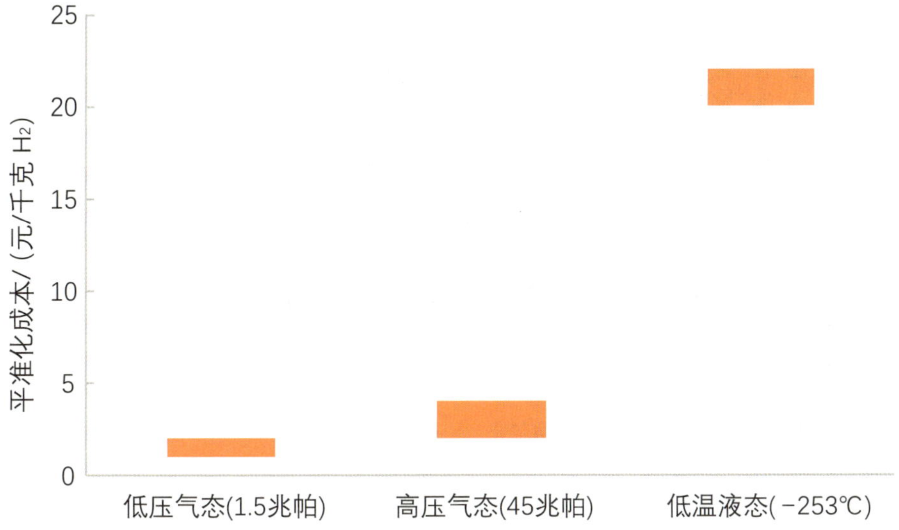

图 5.6 氢气储存环节平准化成本

5.2.2 化学储氢：转化过程能耗高是痛点，远洋运氢场景有应用潜力

液氨储氢技术是当前全球远距离运氢的首选方式。相比于氢液化技术，优势主要是氨可以在 −33℃下液化。液氨储氢的体积密度是液氢的约 1.5 倍，与液氢相比，同等体积液氨可储运和输送更多的氢。使用长输管道或海上运输工业级的液氨已有较完善的基础设施。劣势主要是氨具有强腐蚀性和毒性，存在较高的安全风险；“氢—氨—氢”转化过程的能量消耗较高，转化过程能耗与氢所含能量之比约为 35%（以低位热值计），与液氢制取的液化能耗基本相近。

有机液态储氢技术全生命周期存在碳排且消耗能量较高，未来发展前景仍有待观察。常见的有机液态储氢有甲基环己烷（MCH）、二苄基甲苯（DBT）等，无论是加氢还是脱氢的形式，都与常规化石燃料（如柴油）具有相似的物理性质，该技术具有储氢量大、能量密度高，储运安全方便，适合长距离运输、可利用现有基础设施等优点。但在脱氢（高温释放）过程中需消耗约 30% 的能量，尤其是该种储氢方式在全生命周期中仍存在碳排，未来能否成为长距离运输的主流方式仍有待考证。

5.2.3 固体材料储氢：体积储氢密度高，技术完善后有应用潜力

全球固体材料储氢技术处于示范研发阶段，产业培育尚需时间。固体材料储氢是一种通过吸附作用将氢气加注到固体材料中的方法，以 MgH_2 储氢为例，其常温常压下的单位体积储氢密度可达 110 千克 / 米^3，约是同等条件下气态储氢法的 1000 倍，且吸氢、放氢速度稳定，可保证储氢过程的稳定性。与高压气态储氢和液态储氢相比，固体材料储氢技术储氢密度高、安全性好，应用前景良好，但这种储氢方式的发展和应用有赖于储氢材料的开发和利用，国内外仍然处于试验阶段。如美国 GKN 公司开发 260 千克级固态储氢装置并在 ARIES 工厂示范应用；国内上海交通大学开发了 70 千克级镁基储氢示范装置。

5.3 运输环节

5.3.1 远距离运输场景：气氢管输经济性较优，液态储氢适合陆运和海运

在陆上远距离（500 千米以上）运输场景下，管道输氢是极具竞争力的运氢方式。管道输氢主要包括纯氢管道输送和天然气掺氢管道输送，国外示范项目的掺氢比例通常不超过 20%。从经济性考虑，大规模、长距离输氢采用氢气管线方式更具优势。在技术层面，氢气长输管线的输送压力为 3~15 兆帕，管径为 0.3~1.0 米，使用低氢脆、低渗透和低泄漏管材，管线寿命为 15~30 年，储氢体积密度 3.2 千克 / 米^3；相比之下，短距离配送管道压力较低，仅 1~5 兆帕，管径更小。我国普及长距离管道输氢还有管材评价、安全运行、工艺方案及标准体系等方面诸多关键问题亟待解决，仍需展开大量研究工作。截至 2022 年年底，我国在用输氢管道里程为 100 千米。未来，随着绿氢生产基地数量的不断增多，以及氢能应用规模的不断提升，为有效匹配下游用户需求，全国性氢气输送主干网络建设将提上议事日程，预计 2030 年我国输氢管道总里程将达到约 2000 千米，2060 年增至约 30000 千米（不含天然气掺氢管线），相当于目前全国天然气长输管线里程的约 1/4。目前看，10 万吨 / 年的输氢管道投资强度在 600 万元 / 千米左右，在满负荷运行的情况下，管道输氢的平准化成本约为 1 元 /（千克·100 千米），未来仍有下降空间。

在陆上远距离运输场景下，在管道不便覆盖的区域，利用槽罐车运输液氢、利用牵引车运输固体材料吸附储氢或用长管拖车运输高压气氢（50 兆帕以上）等方式，也具有一定竞争力。具体来说，液氢罐车运输更适用于大规模场景，单车有效容量在 4 吨左右，若不计入氢液化成本（仅考虑运输环节），则液氢罐车运输平准化成本为 0.5 元 /（千克·100 千米），经济辐射半径在 1000 千米以上；固体材料储氢运输和 50 兆帕气氢运输的单车有效容量通常在 1 吨左右，适合小规模场景（日需求吨级），现阶段还存在技术难点和政策限制，只在特定区域内示范验证。

在海上远距离运输场景下，船运是氢能大规模、远距离跨海运输的主要方式。Wood Mackenzie 在能源转型前景和加速能源转型（AET）情景中预测，到 2050 年低碳氢需求将达 5.3 亿吨，其中约 1.5 亿吨将来自海运贸易。从经济性看，据国际可再生能源署（IRENA）测算，船运液氨是目前最具经济性的运输方式（见图 5.7）。从技术安全性看，驳船运输无须经过人口密集区域，相较于陆运更加安全，且液氨的大规模海上运输可利用液化石油气运输船改造，技术瓶颈和安全风险相对较低。全球多国已开始在液氨运输船舶方面发力，如日本商船三井运输低碳氨从沙特抵达日本；中国船舶与新加坡航运公司签署 4 艘 9.3 万立方米超大型液氨运输船建造合同。

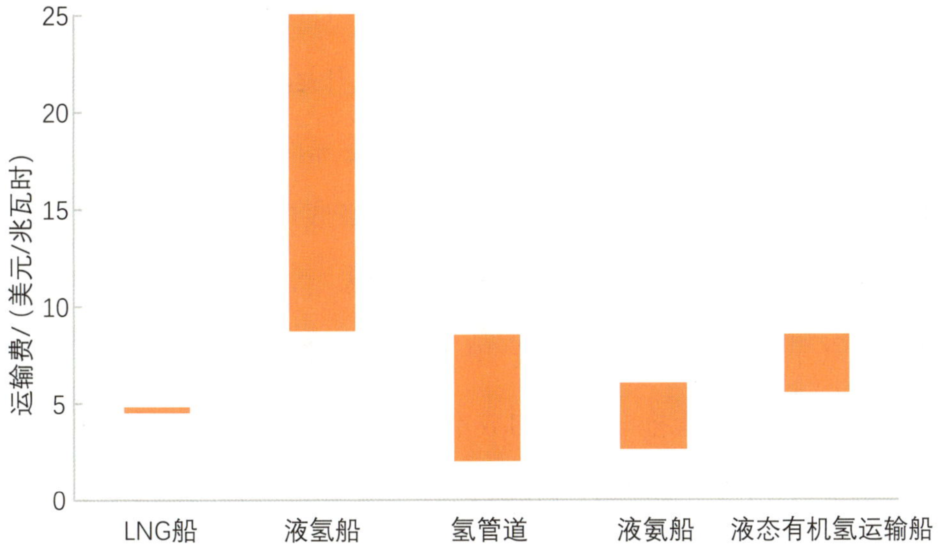

图 5.7 不同类型能源远途运输费用对比

注：以1万千米为例计算运费，假设运输的氢载体可直接利用，不包括氢能转换价格，只比较运输成本。

5.3.2 近距离配送场景：高压气氢运输是主流，运输效率有提升空间

在陆上近距离配送（200 千米以内）场景下，利用长管拖车运输高压气氢是较为成熟且常见的商业运氢形式。我国商用长管拖车储气瓶的工作压力为 20 兆帕，以 I 型瓶为主。以最常见的 7 气瓶长管拖车（不含车头）为例，空箱质量 34 吨，最大公允充装量超过 400 千克，单车有效卸载氢气不足 300 千克，由此测算，长管拖车运氢平准化成本约为 5 元 /（千克·100 千米），计入氢加压成本后，高压气氢近距离配送的经济辐射半径在 200 千米以内时，总成本不超过 15 元 / 千克 H_2（见图 5.8）。

提升氢气近距离配送经济性的主要方式有两种，一是提高气瓶压力、提升单车效率，二是优化商业模式、提升运输总量。对于方式一，既要积极推动政策改革，尽早将氢气作为能源而非危化品管理，又要加快发展Ⅱ型瓶甚至Ⅲ型瓶的长管拖车来降低自重、提升运力。当储氢压力升至 30 兆帕时，长管拖车运氢的成本（不含氢气加压）有望降至 3 元 /（千克·100 千米），较 20 兆帕时下降约 40%；当储氢压力升至 50 兆帕时，长管拖车运氢的成本（不含氢气加压）有望降至 1.5~2 元 /（千克·100 千米），较 20 兆帕时下降 60% 以上。对于方式二，实践中已采用更换氢气管束式集装箱的模式来节约氢气装卸时间，尽管购置更多管束式集装箱会增加初始投资，但长管拖车的运输效率得以提升，因此对降低全生命周期平准化成本是有利的。

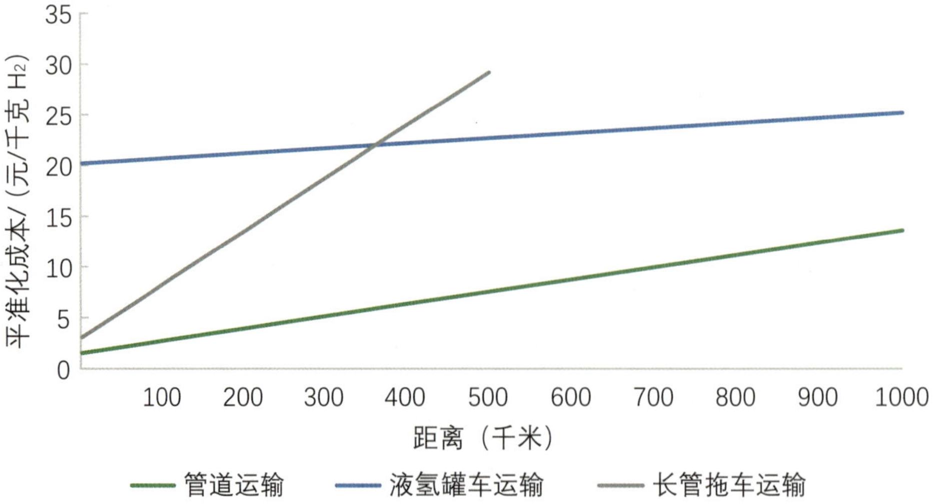

图 5.8　氢气储运平准化成本

5.4 加注环节

5.4.1 站外供氢加氢站：近中期以35 兆帕为主，大规模、高压力是加氢站发展趋势

站外供氢是目前我国主流的加氢站运营模式。氢气通过长管拖车运输至加氢站，经卸气柱、压缩机等设备，按压力梯次储存在储氢罐、储氢瓶组等装置中，再由加氢机加注到汽车上。现阶段，我国以 35 兆帕的气态加氢站为主，新建加氢站的加注能力以 1000 千克 / 日居多。站外供氢加氢站的加氢平准化成本（不含氢气采购成本，下同）由建设投资和运营支出两部分构成，建设投资包括设计、设备采购、安装、土建等成本，目前 1000 千克 / 日加氢站的建设投资在 1500 万元左右；运营支出包括电费、维修、人工等成本，因压缩机等设备功率高且工况不稳，加氢环节电耗强度较大，约为 3 千瓦时 / 千克 H_2。结合政策规划和产业实际，我国加氢站以油氢合建站为主，在不计土地成本、满负荷运转的乐观情景下，站外供氢加氢站加氢平准化成本约为 10 元 / 千克 H_2（不含氢气采购成本）。

站外供氢加氢站的加氢平准化成本对设备利用率的变动最敏感。截至 2022 年年底，我国在营加氢站 245 座，加氢能力合计 176 吨 / 日，全国氢燃料电池汽车保有量 1.27 万辆，假定所有氢燃料电池汽车都处于运营状态，日加氢需求约 127 吨。实际上，因氢气价格较高，部分地区氢燃料电池汽车运营情况并不理想，尚不足以支撑在营加氢站的高负

荷运转。经测算，设备利用率提高对加氢平准化成本降低的边际效用递减，当利用率达到 60% 以上时，加氢平准化成本降至 15 元 / 千克 H_2 以内，进入低水平区间（见图 5.9）。

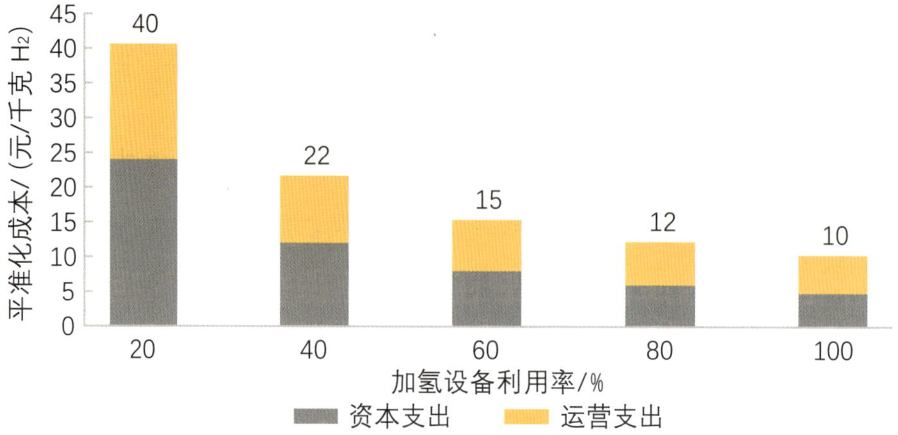

图 5.9　站外供氢加氢站加氢平准化成本

注：加氢平准化成本不含氢气采购成本。

展望未来，我国 35 兆帕加氢站将朝大型化发展，70 兆帕加氢站和液氢加氢站也将探索布局。对于 35 兆帕加氢站而言，随着压缩机、储氢罐、加氢机、阀门仪表等核心设备和关键零部件的国产化替代，加氢站的建设投资有望缩减一半左右，在不计土地成本、满负荷运转的乐观情景下，我国 1000 千克 / 日加氢站的加氢平准化成本将在 2025 年降至 10 元 / 千克 H_2 以下、2030 年降至 8 元 / 千克 H_2 左右、2040 年后降至 7 元 / 千克 H_2 以内。对于 70 兆帕加氢站而言，随着 2030—2035 年氢燃料电池乘用车渗透率的提高，以及Ⅳ型瓶国产化并在商用车中大规模应用，预计 70 兆帕加氢站也将适度超前示范布局，70 兆帕加氢站的加注能力更强、土地利用更集约，随着产业规模化发展，其经济性将优于

35 兆帕加氢站。对于液氢加氢站而言，为进一步提升氢燃料电池汽车的续航能力和行驶性能，液氢储氢瓶 / 罐、液氢动力系统、液氢加氢机等领域也亟待技术攻关和产业转化。

从绿氢制取、高压气态储运、加氢站加注的全产业链考虑，当前交通用氢的总供应成本在 40 元 / 千克 H_2 以上。在技术进步和规模效应共同作用下，我国氢能交通全产业链总供应成本有望在 2030 年降至 30 元 / 千克 H_2 左右，助力氢燃料电池汽车获得更强竞争力从而加快发展；到 2060年，我国氢能交通全产业链总供应成本将降至20元/千克 H_2 左右（见图 5.10）。

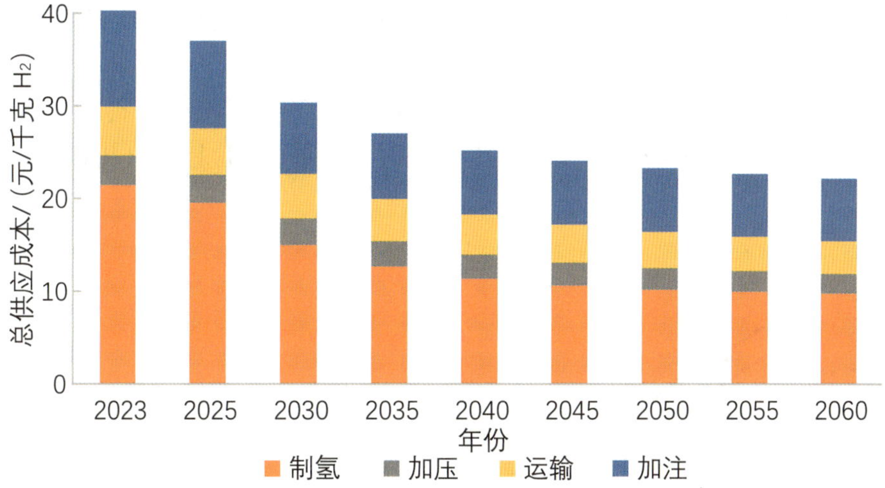

图 5.10　氢能交通产业链总供应成本预测

5.4.2 制氢加氢一体站：政策约束正在减少，成本竞争力将逐步提升

站内制氢是我国正在兴起的加氢站运营模式。站内制氢模式是指在

加氢站内完成氢气制取、存储、加注的全部工艺流程，省去了氢气的长距离运输环节，提高了运营效率。在我国氢能交通产业实践中，已出现天然气制氢加氢一体站、甲醇制氢加氢一体站、氨制氢加氢一体站、ALK 制氢加氢一体站、PEM 制氢加氢一体站等多种技术路径。

PEM 制氢加氢一体站具有能效高、占地少、易维护、零碳排等优势。目前，一座满负荷运转的 3 兆瓦、1000 千克 / 日的 PEM 制氢加氢一体站的供氢平准化成本约为 70 元 / 千克 H_2（电价按 0.8 元 / 千瓦时计算），约为站外供氢模式全产业链总成本的 1.8 倍，缺乏普遍推广的竞争力。展望未来，在 PEM 制氢和加氢站产业发展共同推动下，PEM 制氢加氢一体站平准化成本有较大下降空间，预计在不计建站和加氢等政策补贴的前提下，2030 年可降至 60 元 / 千克 H_2 以内，若利用 0.3 元 / 千瓦时的绿电制氢加氢，则成本可降至 30 元 / 千克 H_2 以下（见图 5.11）。

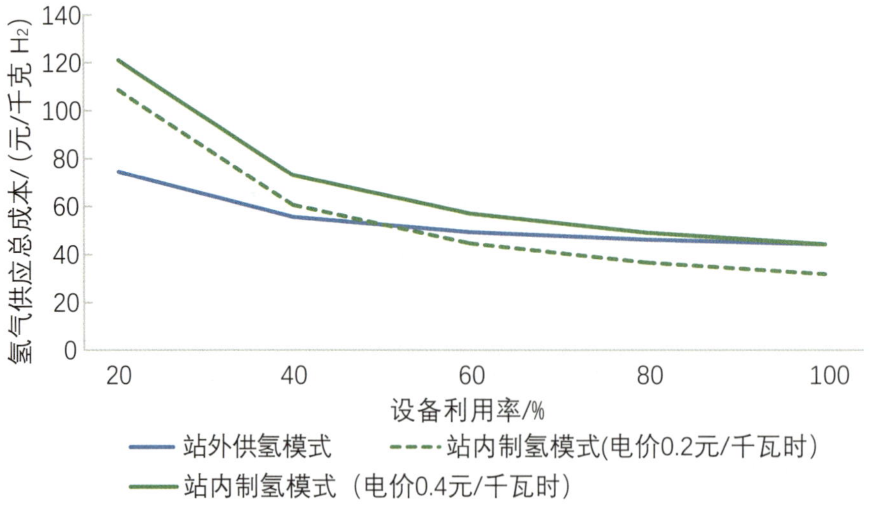

图 5.11　站外供氢和站内制氢模式经济性对比

广东、山东、上海等地区率先实施交通领域的站内制氢归属能源管理而非危化品管理，允许在非化工园区站内制氢，有利于加快交通领域的分布式制氢—供氢体系建设。经测算，在当前技术条件下，在氢气运输距离超过 200 千米，加氢站设备利用率高于 60% 且能通过购买绿电或电费优惠等方式将电价控制在 0.40 元 / 千瓦时以内时，PEM 制氢加氢一体站具备经济性。

5.5 装备制造

5.5.1 电解槽：装机需求2030年后规模化攀升，2060年新增装机达30吉瓦

根据国内氢能消费需求和绿氢产业发展前景推算，我国电解槽装机规模和年新增装机量将保持高速增长。国内电解槽装机规模方面，预计 2030 年增至 30 吉瓦、2035 年达到 100 吉瓦、2045 年前突破 200 吉瓦、2050 年超过 300 吉瓦；每年新增电解槽装机方面，预计“十五五”期间到达 5 吉瓦台阶，2030 年后到达 10~15 吉瓦台阶，2045 年前后进一步升至 20 吉瓦新高度。

面对迅猛发展的绿氢市场，电解槽研发制造产业需要积极应对三大挑战。一是产能挑战，2030 年前，国内电解槽装机需求年均增速高达 50% 左右，加之国产 ALK 电解槽具备成本竞争力而大量出口，因此电解槽制造产能需在未来 7~10 年内进行指数级扩建。二是成本挑战，尽

管国产 ALK 电解槽成本低廉，但仅靠增大电极面积、堆叠小室数量的发展路线已看到瓶颈，许多制造商转向革新材料、改进工艺来谋求新的发展，这意味着未来一段时期，电解槽“提质”与“降本”之间或将出现矛盾与张力。三是资源挑战，立足当前技术路径和研发进展推断，贵金属催化剂是维系电解槽高效稳定运转的关键，不仅 PEM 电解槽依赖铂、铱催化剂，ALK 电解槽为提升效率也在进行贵金属催化剂研发创新，氢能产业对贵金属市场的冲击将是前所未有的。以铂金资源为例，2030 年后，我国每年新增电解槽装机在 15 吉瓦左右，假设其中 1/3 为 PEM 电解槽，则每年新增 500~1000 千克铂金需求；到 2050 年，我国电解槽装机总量在 300 吉瓦以上（见图 5.12），则存量电解槽占用铂金资源高达 10 吨，因此在加强低铂催化剂研发的同时，也需加快建立健全贵金属资源回收循环机制。

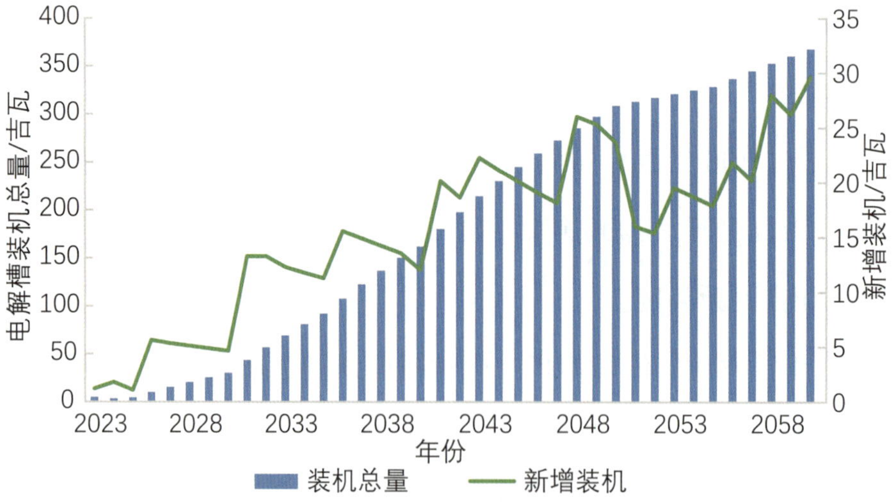

图 5.12　我国电解槽装机增长预测

5.5.2 燃料电池：车用系统装机需求持续扩大，2060年新增装机达500 吉瓦

根据国内氢能交通市场预期和燃料电池产业研发制造前景推算，我国车用燃料电池系统装机规模和新增装机量将持续高速增长。国内车用燃料电池系统累计装机规模方面，预计 2025 年增至 2 吉瓦、2035 年突破 100 吉瓦、2050 年前达到 1600 吉瓦、2060 年增至约 5000 吉瓦；每年新增燃料电池系统装机方面，预计“十五五”时期起迈上 1 吉瓦台阶、2030 年站上 10 吉瓦台阶，2045 年来到 100 吉瓦台阶，到 2060 年达到 500 吉瓦（见图 5.13）。

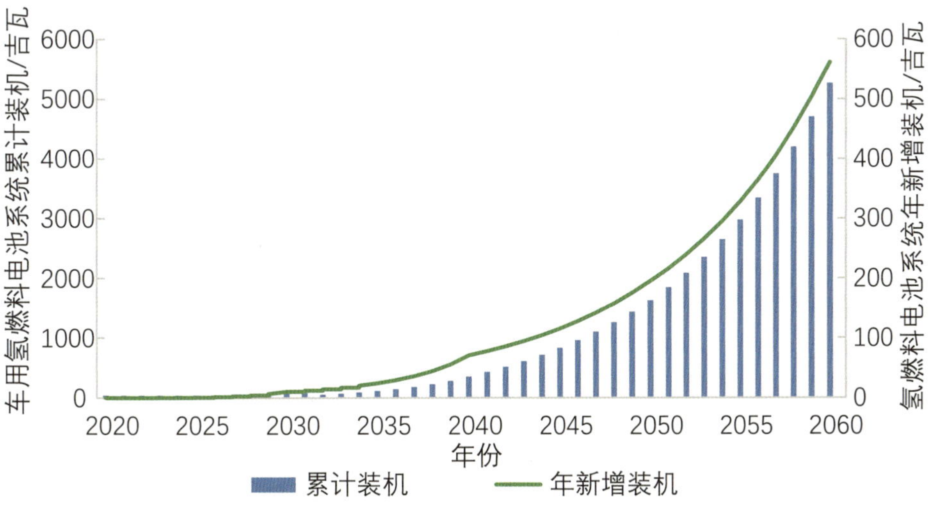

图 5.13 我国车用燃料电池系统装机增长预测

我国氢能交通装备制造业的发展将呈现“前慢后快”的基本特点。未来20年将是产业夯基垒台、打通产品链、价值链和服务链的关键期，2045年后面对迅猛发展的氢能交通市场，燃料电池研发制造业除了要积极应对产能、成本、资源等挑战，还要加强与汽车制造商的密切合作，一方面提高燃料电池系统与车况环境的适应性，另一方面围绕氢燃料电池汽车在动力系统、储能系统等维度相对燃油车、电动车的特点，进行针对性的整车设计优化，从而提升氢车运力和经济性。

第6章 氢能产业用能结构及远期碳减排潜力

Prolouge 引言

氢能是典型的二次能源，人类社会利用的绝大部分氢气需要消耗其他能源才能生产出来。氢能产业的能源消费主要来自产业链上游的专门制氢环节，少量来自氢气转化、储运和加注等其他环节。本章重点研究专门制氢环节的能源消费量和碳排放情况，测算氢能在终端部门替代化石能源带来的减碳效用，综合评估氢能产业在不同时期的碳减排净贡献。

6.1 制氢环节能源消费将从以化石能源为主转变为以可再生能源为主

2020 年我国化石能源专门制氢规模约 2500 万吨（不含工业副产氢），绝大部分制氢用能来自煤炭和天然气等化石能源，可再生能源占比很小。基准情景下，2030 年我国专门制氢用能结构将由目前的化石能源占比近 100% 转变为化石能源占比 82%，非化石能源占比 18%，主要来自风光发电。届时，我国化石能源制氢装置的服役期将达 10~20 年，实现碳达峰目标后，随着碳排“双控”政策约束趋严，部分煤制氢装置将退役或被绿氢装置替代。到 2040 年，可再生能源制氢将在绿电成本下降带动下快速发展，可再生能源占专门制氢用能的比重将增至 50% 以上，存量化石能源制氢装置将配置 CCUS 设施实施减碳改造，制氢环节的碳足迹将较 2020 年减少约 50%。

到2060年，我国专门制氢用能结构将转变为化石能源占比7%，非化石能源占比93%，其中，可再生能源制氢占比将突破80%，风能太阳能制氢占比约2/3（见图6.1、图6.2）。该情景下2060年我国专门制氢产量为8280万吨，主要为非化石能源制氢，化石能源专门制氢规模降至600万吨，且全部为蓝氢，主要用于保障关键地区或部门清洁用电需求，以及生产合成氨（化肥原料）、航煤（国防战备）等对保障经济发展和国家安全等具有战略意义的工业品。

从用能强度看，2020年全国约3%的一次能源消费量用于专门制氢，该环节大约消耗全国煤炭消费总量的6%以及天然气消费总量的7%，可再生能源用于制氢的比重很低。2060年全国约18%的一次能源消费量将用于专门制氢，该环节大约消耗天然气消费总量的5%和煤炭消费总量的17%，可再生能源用于制氢的消费比重大幅提升，达到21%，届时风能和太阳能消费量的21%将用于制氢，水电和核能消费量的17%也将用于制氢，推动全国非化石能源消费量的约20%用于制氢。

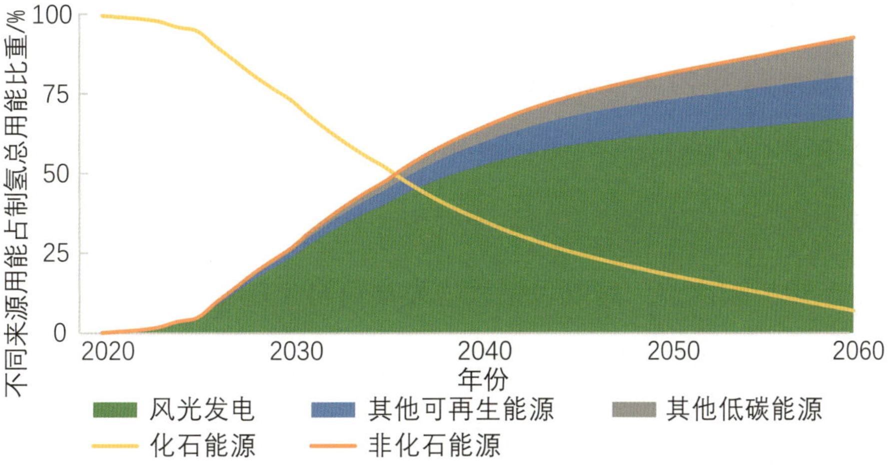

图6.1　我国专门制氢用能结构预测

注：基准情景。

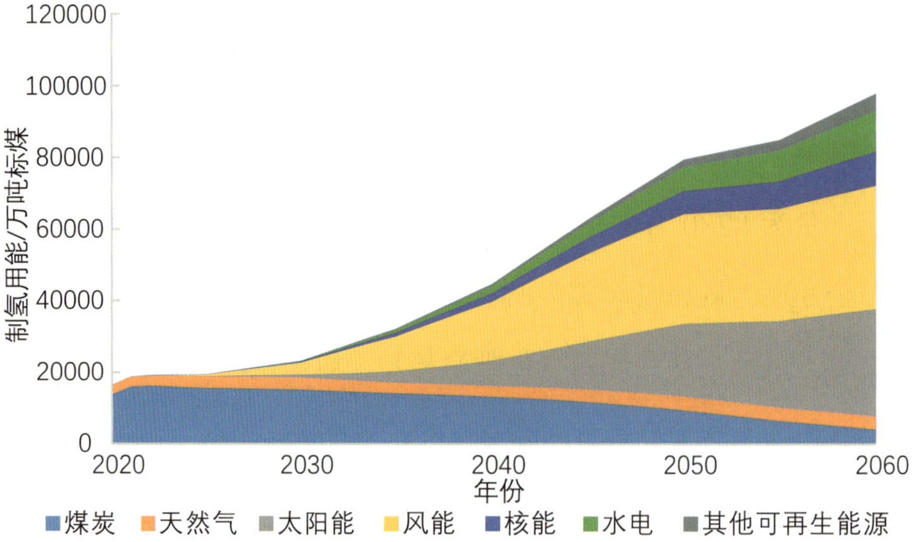

图 6.2　我国专门制氢用能规模预测

注：基准情景。

6.2 专门制氢碳强度将在 2040 年减半，2060 年降至目前水平的 10%

2020 年我国专门制氢环节用能结构以煤为主，生产 1 千克 H_2 的碳排放强度约为 19.4 千克 CO_2，较全球平均水平生产 1 千克 H_2 排放 12~13 千克 CO_2 高出约 55%。制氢环节降低碳排强度的发力点，一是逐步减少煤制氢等高碳排氢的生产规模和比重，二是持续扩大低碳足迹氢的生产规模和比重，这既包括大力发展可再生能源制氢，也包括有序发展灰氢配套 CCUS 制蓝氢。电解水制氢是可再生能源制氢的关键技术路径，所用电力可直接来自为制氢工厂专配的低碳可再生电力，也可来自网电，可再生电力的全生命周期碳足迹低，每千克 H_2 的碳足迹通常小于 2 千克 CO_2，而网电的碳足迹水平取决于电力系统采用的发电技术及燃料组合。

当前网电制氢碳足迹水平超过了煤制氢，对电解水制氢企业实施“网电 + 绿证”政策约束，有利于管控网电制氢碳排放强度。目前我国燃煤发电量占比约 60%，2022 年全国电网平均碳排放因子为每千瓦时 570.3 克 CO_2，网电制氢环节生产 1 千克 H_2 的平均碳排放强度高达 30 千克 CO_2，超过了煤直接制氢。为严控电解水制氢碳排强度，可在具备条件的前提下要求电解水制氢企业在外购网电的同时强制购买一定比例的绿证，有效平抑制氢环节间接碳排放，避免因不合理使用网电造成电解水制氢碳足迹超过灰氢。从电网碳排放因子测算，如果要让使用网电的电解水制氢工厂在生产环节达到欧盟设定的每千克 H_2 的碳足迹 3.4 千克 CO_2 低碳氢碳足迹标准，网电碳足迹不得超过每千瓦时 64 克 CO_2，国内目前只有以非化石电力（可再生电力或核电）为绝对主力的少数地区能够实现，假定网电中的火电为单一煤电（未配置 CCS），则煤电发电量占比需要低于 8%，如果为单一气电（未配置 CCS），则气电发电量占比需要低于 14.8%，因气电较煤电碳足迹更小。

2050 年后可大规模推广网电制氢，到 2060 年我国专门制氢环节的碳足迹将较目前下降约 9 成。基准情景下，随着可再生能源制氢的快速发展，到 2030 年我国专门制氢碳排放强度将降至生产 1 千克 H_2 的碳排放强度为 15.2 千克 CO_2，较预测期的峰值水平下降近 20%，2040 年将进一步降至生产 1 千克 H_2 的碳排放强度为 10 千克 CO_2，降至当前全球平均水平，这期间我国网电的碳排放因子也将随着新型电力系统的建设逐步走低，到 2050 年后可降至每千瓦时 64 克 CO_2 以内（包含化石能源电力配 CCS 设施带来的减碳效果），届时网电制氢的碳足迹能够达到目前欧盟的低碳氢标准，可在全国多数地区推广网电制氢，到 2060 年随着可再生能源制氢成为主体，我国专门制氢的碳排放强度将降至生产 1 千克 H_2 的碳排放强度为 2 千克 CO_2，较目前下降 90%。

6.3 氢能应用多元化打开需求增长新空间

初步测算，我国氢能产业规模将从 2020 年的 3000 亿元增至 2030 年的近 1 万亿元，到 2060 年增至 5 万亿元[20]，我国氢气需求将从 2020 年的 3173 万吨增至 2030 年的 3810 万吨，到 2060 年增至约 8600 万吨，较 2020 年增长 1.7 倍。基准情景下氢能在主要部门的需求情况如下：

在碳达峰阶段（目前到 2030 年，下同），工业部门是氢能需求增长的主阵地。从 2020 年到 2030 年，氢气在我国终端部门需求量将从 1.3 亿吨标煤（以低位热值计，下同）增至 1.6 亿吨标煤，增长 0.3 亿吨标煤。这一阶段，氢能需求增量的 83% 将来自工业原料，9% 来自交通燃料，3% 来自工业燃料（不含发电燃料，下同），其余 5% 来自建筑等其他部门。

在碳中和阶段（2030 年后到 2060 年，下同），交通部门将成为氢能

⑳《报告》测算口径为窄口径，包括氢气和燃料电池汽车等产品销售的年度收入、氢气输送管线和加氢站建设等工程服务的年度收入、电解水制氢设备等年度销售收入，收入计价以2020年不变价测算。此外，为避免重复计算，暂不含氨和甲醇等氢基合成燃料的年度销售收入。如果按氢能的制取、转化、输送、储存和应用的宽口径测算，2060年我国氢能产业规模将达到10万亿元。

需求增长的关键部门。到 2060 年，在多部门用氢需求增长推动下，氢能在终端部门的消费规模将达 3.5 亿吨标煤，较 2030 年增长 1.2 倍。这一阶段，氢能需求增量的 58% 将来自交通燃料，15% 来自发电燃料，14% 来自工业燃料，7% 来自工业原料，剩余 6% 来自建筑等其他部门用燃料。2040 年前，氢能占我国终端能源消费的比重将越过 5% 的渗透率门槛，低碳氢能将在更广泛地区和更多细分领域具备技术经济性，氢能消费前景得到市场更广泛认可，产业发展步入提速发展的快车道。

6.4 氢能产业将从碳排放大户转变为碳中和的重要贡献者

我国氢能产业仍处于发展初期，尚不能承担碳减排的重任，为了能够成长为实现碳中和目标的重要力量，一是要逐步降低产业自身的碳排放规模，二是要逐步提升氢能替代解决方案的减碳规模。氢能产业自身碳减排是行业绿色发展的关键动力。2020 年我国化石能源专门制氢环节的 CO_2 排放规模近 5 亿吨，约占全国能源活动相关碳排放总量的 5%，规模化发展绿氢将是行业实现低碳转型的关键。

低碳氢能的多元应用将打开氢能助力碳减排的发展空间。随着氢气消费领域从工业原料和燃料向交通、建筑和发电燃料拓展，氢能作为替代能源将在终端部门碳减排方面发挥更大作用。预计 2030 年后，氢能多元应用将推动其在终端消费侧的碳减排效用突破 1 亿吨 CO_2 大关；到 2045 年，进一步增至 4 亿吨 CO_2，超越同期供给侧专门制氢的碳排放总量，氢能产业将进入对我国碳中和目标做出净贡献的新发展阶段。到2060年，氢能在消费侧的年度碳减排效用将达7.8亿吨CO_2，扣除当年供给侧蓝氢生产捕集的CO_2，最终可形成6.2亿吨CO_2的净碳减排贡献（见图6.3、图6.4）。

未来，氢能产业要实现碳减排和达成自身的碳中和目标，一是在上游制氢环节以绿氢替代煤炭和天然气等化石能源制灰氢，通过减少化石能源消费实现减碳，重点是实现绿氢规模化发展；二是在工业、交通、建筑和发电等用能环节以氢能替代基于化石能源的传统碳基燃料实现降碳，重点是实现氢能多元应用。例如，在工业部门，以绿氢提供高品位热能。在交通部门，以氢能作为车用燃料替代汽油或柴油，也可以绿色甲醇或绿氨等方式替代传统交通燃料。在建筑部门，以氢能作为民用/商用领域的低碳燃料，替代天然气、液化石油气等化石燃料。

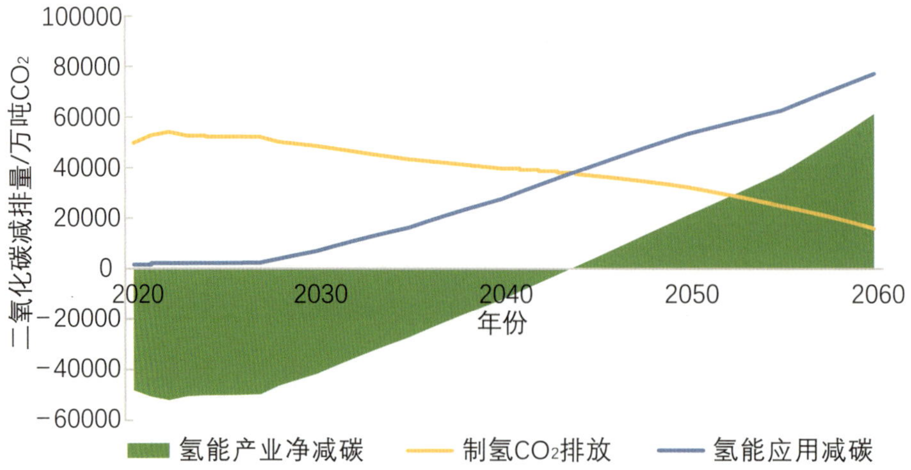

图6.3　我国氢能产业净碳减排趋势

注：基准情景。绿色面积为负值时，表示氢能产业发展尚未实现净碳减排。

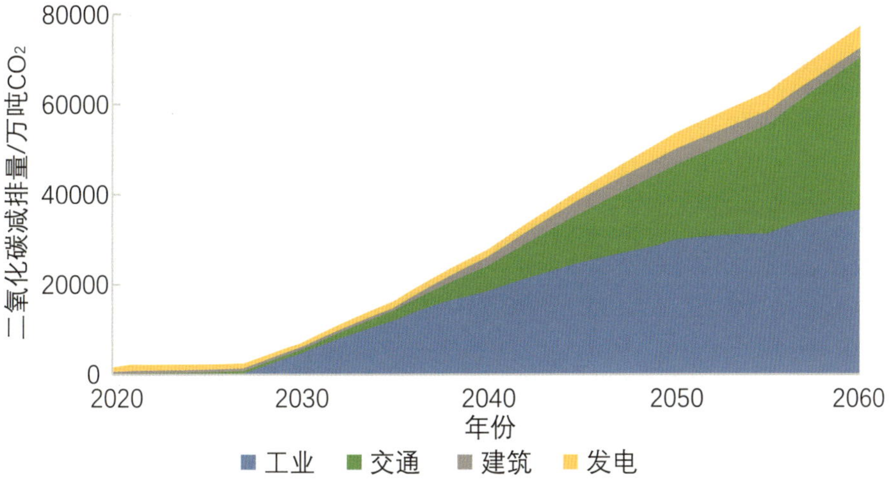

图 6.4　我国氢能分部门应用碳减排趋势

注：基准情景。未扣减灰氢生产环节的碳排放量。

从整体看，在碳达峰阶段，受灰氢碳排放规模较大，绿氢生产和多元应用技术成熟度和经济性不足等制约，氢能产业在这一时期对我国碳减排进程做出的贡献并不显著，这期间节能技术和可再生电力将对碳减排进程做出最大贡献；在碳中和阶段，随着绿氢经济性和供给规模的持续提升，氢能对建设新型能源体系和实现碳减排碳中和的贡献将快速提升，不仅能为工业部门碳减排和深度脱碳提供低碳原料和燃料，还将向交通、电力和建筑等部门拓展，提供更多低碳替代能源，到 2060 年成长为年减排 10 亿吨级 CO_2 的关键解决方案。

第7章 结语和建议

氢能具有来源丰富、终端低碳、应用广泛的特点，是能源体系实现低碳变革的关键能源之一，也被誉为构建清洁低碳、安全高效新型能源体系的新密码。在碳中和目标下，发展氢能产业可以为能源体系大规模消纳可再生能源提供新空间，为电力系统实现灵活调峰和长周期跨地域储能提供新支撑，为产业体系重点领域加快脱碳进程提供新动能。

当前，我国低碳氢能产业发展仍处于初级阶段，为达成远期战略目标，需要在产业链重点环节建设三大基石：一是在氢能供给侧，推动氢能生产减碳降本，逐步实现低碳化、低成本化和制氢技术多元化，特别是要在产业导入期加大对低碳氢制取的政策支持力度，逐步提升低碳氢供给规模；二是在氢能消费侧，扩大氢能应用场景、降低部署成本和提升能源效率，在前期探索阶段，通过碳交易价格、碳足迹门槛等制度性安排，在基础原料和替代燃料等领域建立碳减排激励约束机制，加快氢能应用场景落地步伐，打开产业发展新空间；三是在中间环节，搭建贯通和连接供给侧和消费侧的氢储运“桥梁”，形成满足集中式与分布式制用氢需要，规模化和分散化储氢相结合，长距离和中短距离输氢相结合的，灵活高效的氢储运基础设施网络，降低储运成本，破解氢能应用难题。

为推动氢能产业高质量发展，政府、产业和行业企业需要共同发力，推动氢能科技创新，引导市场需求，建立和完善政策制度框架，打通产业链服务链价值链，有效激发市场活力。为此，建议：

一要在国家层面加强氢能产业顶层设计。完善氢能产业专项规划和政策法规体系，建立跨部门跨地区跨领域的协调合作机制，牵头组织推进氢能关键领域的科技创新、示范应用和规模部署，培育低碳氢能应用场景。从实现“双碳”目标、保障能源安全和培育未来产业出发，完善我国氢能产业的发展方向、远期目标和重点任务，并与国家能源战略有效衔接，稳定产业发展预期。明确氢能产业关键环节的政府主管部门，在工业、交通、电力和建筑等难以通过电气化直接降碳的重点领域组织推动低碳氢能应用方案的落地实施。从长远考虑和更广范围统筹谋划氢能产业发展，建立长效体制机制保障，实现以技术创新驱动发展，为碳减排赋值提效，助力打通氢能“制储输用”产品链、服务链和价值链。加强央地政企联动，健全政府部门与企业的常态化沟通交流机制，明确氢能项目审批流程和行政许可手续办理条件，帮助企业解决项目落地“最后一公里”的问题。在经济可承受、技术可行的前提下，持续推进终端用能清洁化低碳化，牵引建立有效的用氢需求，为更多氢能应用场景落地创造市场条件。

二要在产业层面建好低碳氢经济生态圈。推动氢能产业上游领域与可再生能源、核能等低碳能源行业以及碳捕集利用与封存行业实现协同开发和融合发展，为低碳氢能的规模化发展创造资源条件。聚焦基础前瞻、共性关键、工程应用、评估规范、安全管理等方面的氢能科技创新，打造更低部署成本、更高转化利用效率、更强比较竞争力的深度脱碳氢能解决方案，为氢能拓展应用创造技术条件。引导设立氢能产业基金，加快氢能应用新兴产业的成长步伐，加速形成可盈利的商业模式。明确低碳氢能界定标准，积极参与氢能相关国际标准和产业规范制定，提升我国在国际氢能产业发展中的话语权。加强氢能领域的国际科研合作、产业合作和运营合作，积极探索开展氢能国际贸易，打造合作共赢的低碳氢能发展新动能。

三要在企业层面增强氢能产业内生动力。加强产业链系统化部署能力，推动行业企业围绕产业链关键环节开展跨领域联合攻关，提升关键材料、核心技术和重要装备的自主保障能力和水平。通过科技创新，不断提升氢能供给和消费环节的运行效率、经济性和安全性。深入挖掘终端用氢需求，结合区域特点优化资源配置，建设低碳氢能供给和多元应用示范基地，增强低碳氢能供给能力和跨地区储运协调能力，打造跨行业跨领域的氢能产业集群。推动传统业务与氢能业务的融合发展，有效利用现有能源基础设施，新建关键氢能基础设施，提高氢能跨区域输送和区域自主平衡能力和市场辐射能力，更好融入多种能源“互转互联互通”的新型能源体系。

回顾两百多年来人类社会开发利用氢能的历史进程，氢能扮演的角色正在从工业原料向零碳燃料和储能介质拓展演进。新一轮工业革命点燃了氢能科技创新的“圣火”，在终端用能部门，以可再生能源为主导能源的“电氢崛起”将是能源系统变革的重要标志。碳中和目标赋予了氢能产业转型发展的新动能，未来 10 年将是低碳氢能从导入期走向商业化应用的关键阶段，电氢一体化生产、氢能基础设施和氢基碳中和解决方案等将逐步走向成熟；再用 15 年时间，低碳氢能在各主要应用领域都将有望实现规模化部署，成为助力我国实现碳中和目标的重要力量，届时氢经济将初具规模并在国民经济中占有重要地位。

在国家战略和产业政策的引导下，产业界要加强协同攻关和持续创新，推动氢能在我国能源转型进程中发挥重要“助手”作用，打造清洁低碳、安全高效的氢能供给消费体系，更好实现对传统化石能源的安全可靠替代，以更可持续的能源推动经济社会发展，担当好推动氢能在我国新一轮工业革命和产业变革中发挥关键作用的光荣使命。

附录

附录1

氢能在不同终端部门消费量界定的说明

为厘清氢能对各能源消费部门实现碳中和目标的贡献，《报告》对氢能在我国终端能源消费中的地位进行了分部门预测。与传统研究报告不同，我们提出的关键终端部门氢能消费既包括氢气作为原料和燃料在主要用能部门的直接消费量，也包括基于绿氢的绿氨和绿色甲醇等低碳足迹衍生产品的间接消费量*。

从氢能产品的角度看，所有的合成氨和甲醇等以氢为主要原料的化学品均在工业部门生产，传统上也被计入工业用氢消费，但在终端用能低碳化潮流的带动下，未来越来越多的绿色甲醇和绿氨将作为新时期的“汽柴油”，被用作氢基合成燃料，在交通或发电等非工业部门消费，替代传统化石燃料。

《报告》为更好区分氢能的最终用途，同时避免重复计算，参考国家对炼油行业成品油加工用能的统计原则，从工业部门扣减了交通、发电等非工业部门消费的绿氨、绿色甲醇等氢基合成燃料折算的原料用氢量，因为这些氢基合成燃料只是在工业部门生产，并未在该部门消费。同时，对于交通或电力部门消费的氢基合成燃料，按原料用氢量分别计入所属部门的氢能消费量。

《报告》对终端部门氢能消费的界定示例见下图。

注：*根据氢基合成燃料在生产环节消耗的氢气量，折算在交通部门的氢气间接消费量（也可称为氢当量消费量），为简化计算，不计加工转换及运输过程损耗。

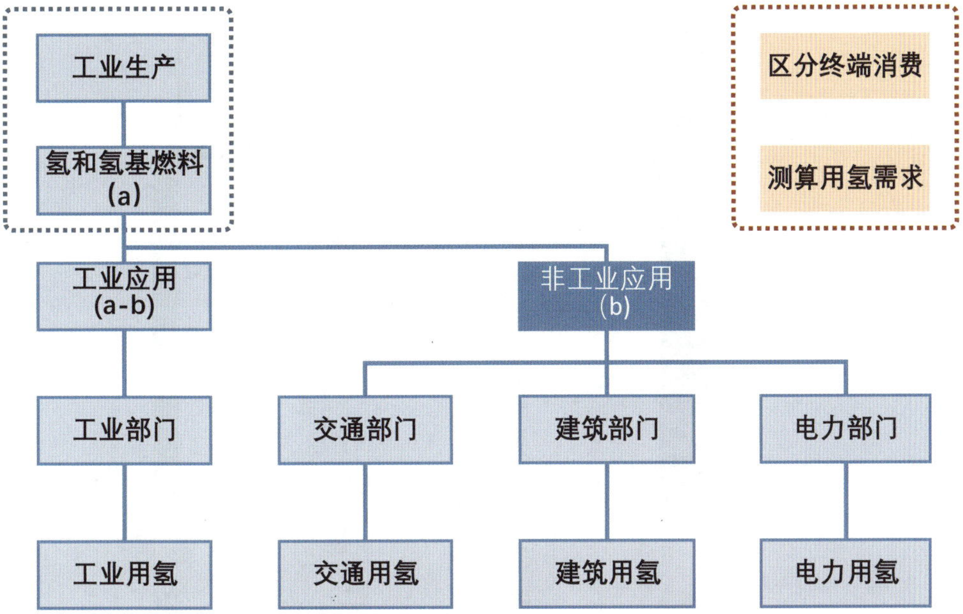

《报告》对终端部门氢能消费的界定示例图

注：图中a代表工业生产用氢总量，（a-b）为工业应用折算的用氢量，b代表非工业应用折算用氢量。

附录2

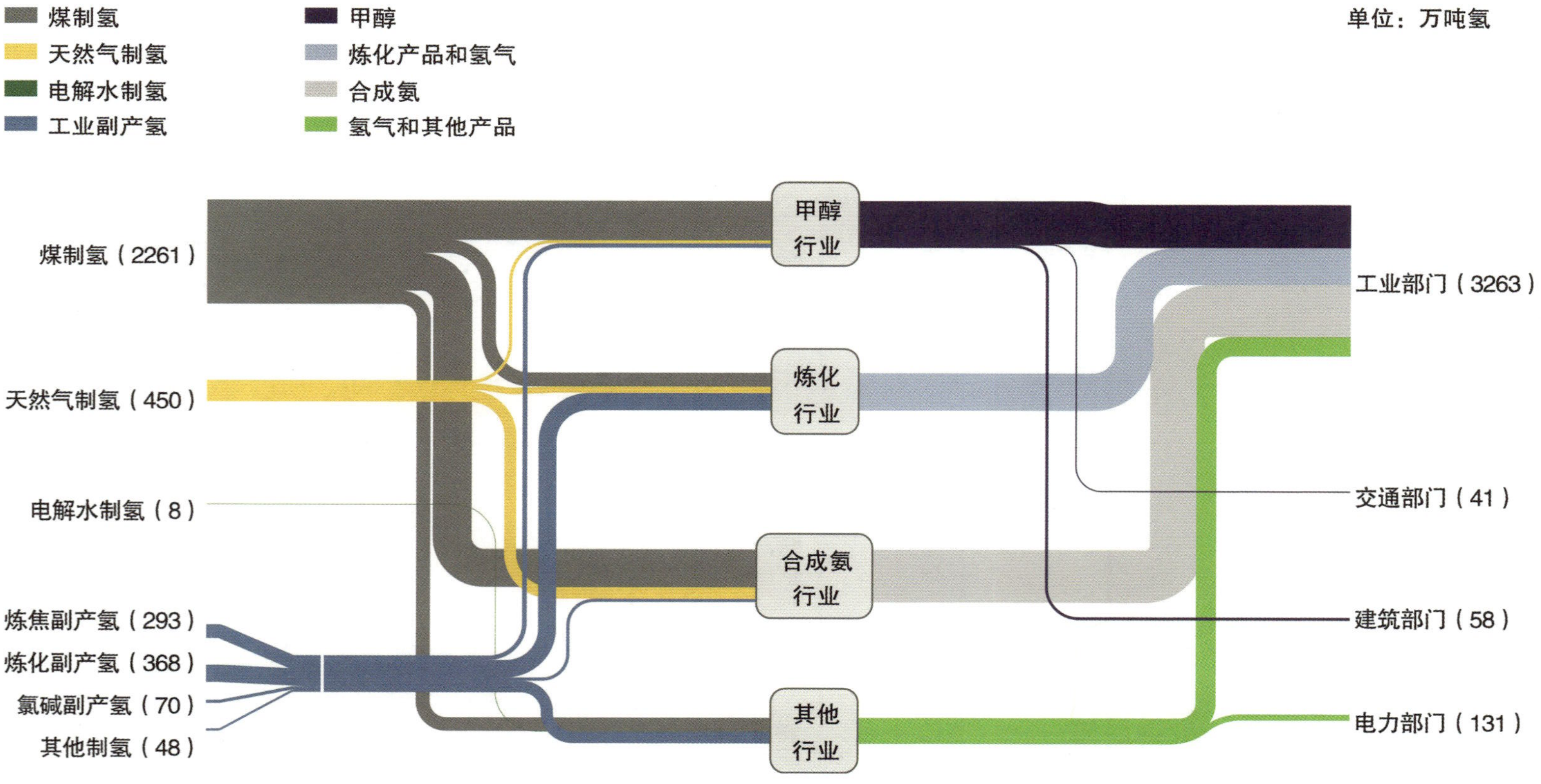

2022 年中国氢流图

注：图中数据采用基准情景数据，均为氢气当量；其他制氢包括丙烷脱氢、氨分解制氢等；其他行业包括冶金、煤制油（气）等。

附录3

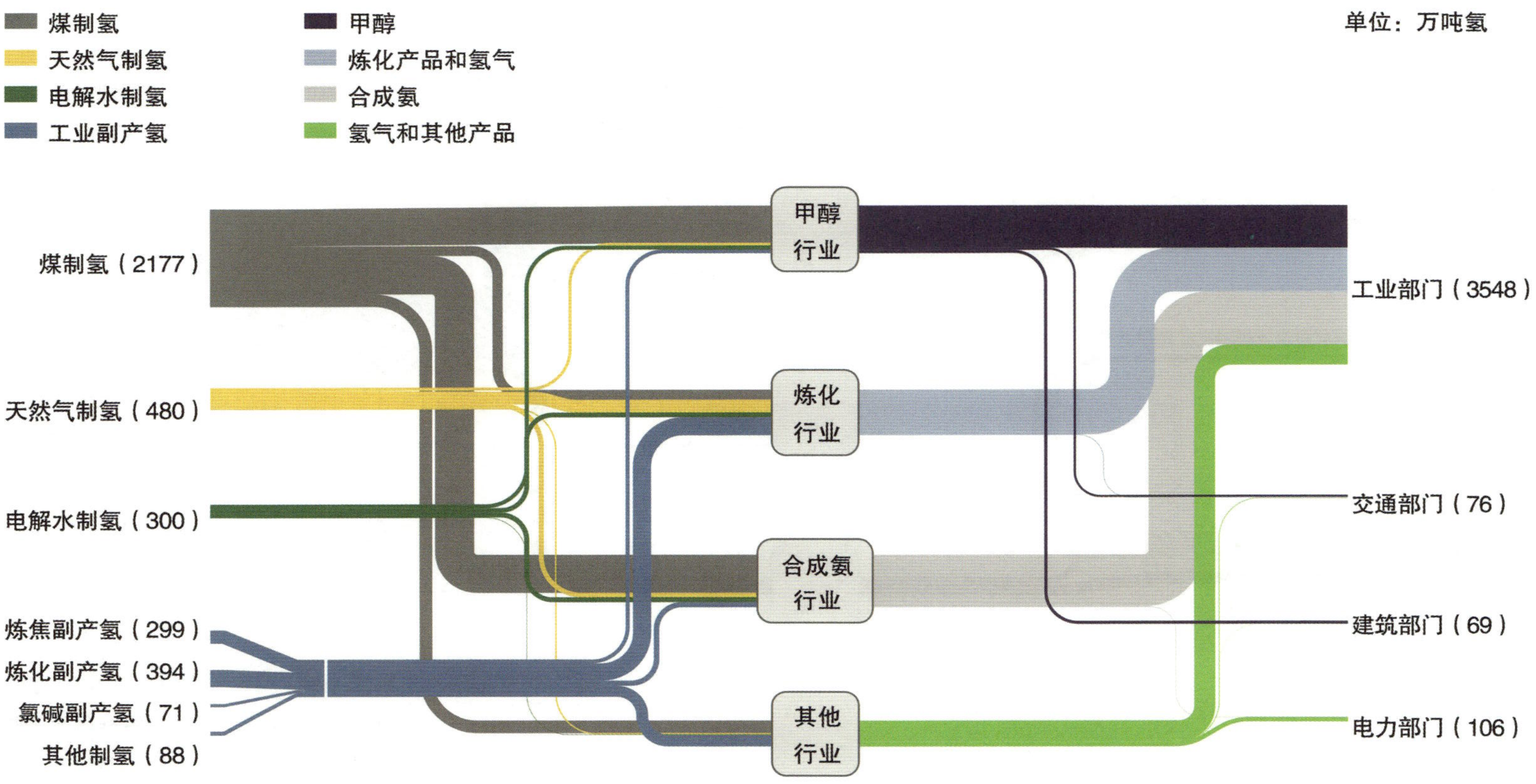

2030 年中国氢流图

注：图中数据采用基准情景数据，均为氢气当量；其他制氢包括丙烷脱氢、氨分解制氢等；其他行业包括冶金、煤制油（气）等。

附录4

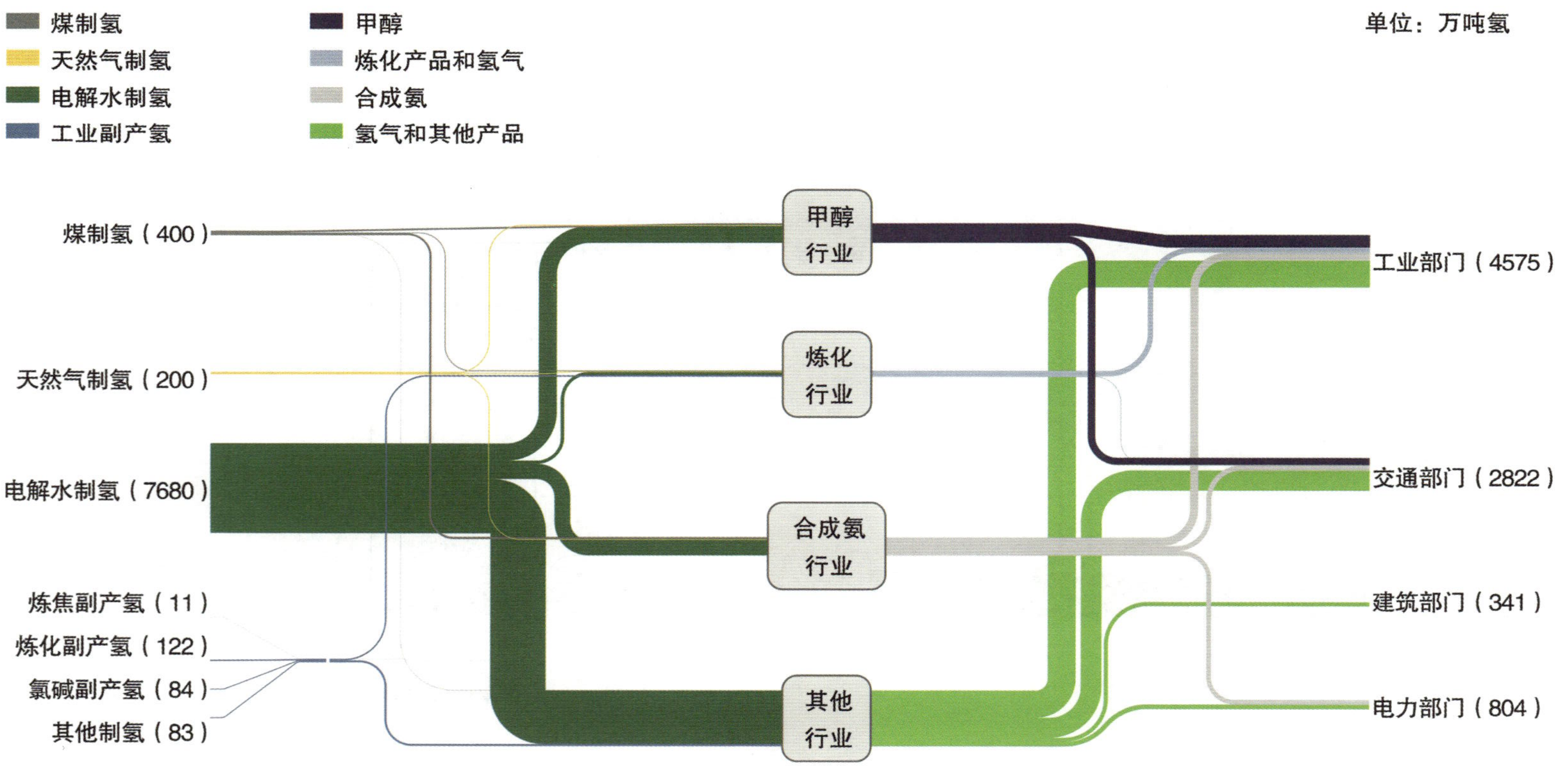

2060 年中国氢流图

注：图中数据采用基准情景数据，均为氢气当量；其他制氢包括丙烷脱氢、氨分解制氢等；其他行业包括冶金、煤制油（气）等。

附录5

氢气基本特性

项目	性质
基本物性	无色、无味、无毒
氢气分子量	2.01594
氢气密度，千克 / 米^3	0.08989（0℃，1.01325×10^5 帕） 0.0827（20℃，1.01325×10^5 帕）
熔点，K（℃）	13.99 K（−259.16℃）（1.01325×10^5 帕）
沸点，K（℃）	20.27 K（−252.88℃）（1.01325×10^5 帕）
液氢密度，千克 / 米^3	70.8（20.27K，1.01325×10^5 帕）
燃烧热，兆焦 / 千克	119.93（低位发热量，LHV） 141.86（高位发热量，HHV）
着火温度，℃	572（常温常压空气中，参考值）* 450（常温常压氧气中，参考值）
可燃极限，体积分数 %	4.0~75（常温常压空气中，参考值） 4.1~94（常温常压氧气中，参考值）
爆轰范围，体积分数 %	18.3~59（常温常压空气中，参考值） 15.0~90（常温常压氧气中，参考值）
火焰温度，℃	2045（空气中） 2660（氧气中）

注：* 常温常压指 20℃，1.01325×10^5 帕。标准状态指 0℃，1.01325×10^5 帕。
资料来源：https://www.rsc.org/periodic-table/element/1/hydrogen 等。

附录6

中国氢能供需预测数据表——基准情景

项目	单位	2020 年	2025 年	2030 年	2035 年	2040 年	2045 年	2050 年	2055 年	2060 年
一、氢气供给	万吨	3173	3715	3810	4264	4901	5807	6787	7409	8580
灰氢❶	万吨	2482	2864	2671	2375	2056	1707	1327	852	312
蓝氢	万吨	0	5	25	121	217	313	408	504	600
工业副产氢	万吨	690	785	853	729	671	634	597	448	300
绿氢❷	万吨	1	61	261	1039	1957	3153	4455	5605	7368
二、氢能需求	万吨	3173	3715	3810	4264	4901	5807	6787	7409	8580
(一)氢能消费	万吨	3173	3713	3799	4233	4799	5646	6527	6923	8029
工业	万吨	2997	3475	3548	3809	3938	4110	4312	4196	4575
交通	万吨	29	51	76	175	403	815	1180	1578	2265
建筑	万吨	44	64	69	70	247	423	500	464	341
发电	万吨	103	123	106	176	204	283	510	649	804
农业	万吨	0	0	0	3	7	15	25	36	44
(二)氢能净出口❸	万吨	0	2	11	31	102	161	260	486	551

注：需求＝消费＋净出口。

❶ 2060 年的灰氢主要来自网电制氢中的化石能源发电制氢。

❷ 以可再生能源等非化石能源制氢为主。

❸ 主要是境外轮船、飞机等在境内的氢和氢基燃料（氨和甲醇等）加注量。

附录7

中国氢能供需预测数据表——高情景

项目	单位	2020 年	2025 年	2030 年	2035 年	2040 年	2045 年	2050 年	2055 年	2060 年
一、氢气供给	万吨	3173	3720	3885	4455	5317	6893	8361	8893	10182
灰氢❶	万吨	2482	2784	2595	2321	2035	1707	1288	781	315
蓝氢	万吨	0	5	30	92	153	215	277	338	400
工业副产氢	万吨	690	775	820	729	671	634	596	448	300
绿氢❷	万吨	1	156	440	1313	2458	4337	6200	7326	9167
二、氢能需求	万吨	3173	3720	3885	4455	5317	6893	8361	8893	10182
(一)氢能消费	万吨	3173	3715	3867	4331	5062	6566	7915	8387	9609
工业	万吨	2997	3472	3602	3798	3766	4035	4022	4284	5233
交通	万吨	29	59	93	244	663	1538	2460	2653	2876
建筑	万吨	44	65	70	75	303	532	760	588	432
发电	万吨	103	119	102	210	321	439	637	810	1005
农业	万吨	0	0	0	4	9	22	36	52	63
(二)氢能净出口❸	万吨	0	5	18	124	255	327	446	506	573

注：需求 = 消费 + 净出口。
❶ 2060 年的灰氢主要来自网电制氢中的化石能源发电制氢。
❷ 以可再生能源等非化石能源制氢为主。
❸ 主要是境外轮船、飞机等在境内的氢和氢基燃料（氨和甲醇等）加注量。

附录8

中国氢能供需预测数据表——低情景

项目	单位	2020 年	2025 年	2030 年	2035 年	2040 年	2045 年	2050 年	2055 年	2060 年
一、氢气供给	万吨	3173	3594	3815	4169	4806	5625	6616	6841	7500
灰氢❶	万吨	2482	2767	2708	2418	2126	1750	1353	872	492
蓝氢	万吨	0	5	25	146	267	388	508	629	750
工业副产氢	万吨	690	785	860	729	671	634	597	548	500
绿氢❷	万吨	1	37	222	875	1742	2854	4158	4792	5758
二、氢能需求	万吨	3173	3594	3815	4169	4806	5625	6616	6841	7500
(一)氢能消费	万吨	3173	3594	3809	4133	4650	5432	6342	6539	7165
工业	万吨	2997	3349	3537	3737	3731	3738	3771	3916	4463
交通	万吨	29	63	107	202	478	1024	1590	1686	1810
建筑	万吨	44	64	62	55	263	472	680	526	386
发电	万吨	103	118	103	137	173	187	283	385	474
农业	万吨	0	0	0	2	5	11	18	26	32
(二)氢能净出口❸	万吨	0	0	6	36	156	193	274	302	335

注：需求＝消费＋净出口。
❶ 2060 年的灰氢主要来自网电制氢中的化石能源发电制氢。
❷ 以可再生能源等非化石能源制氢为主。
❸ 主要是境外轮船、飞机等在境内的氢和氢基燃料（氨和甲醇等）加注量。

附录9

中国专门制氢环节用能结构——基准情景

分部门消费	单位	2020 年	2025 年	2030 年	2035 年	2040 年	2045 年	2050 年	2055 年	2060 年
专门制氢用能	万吨标煤	19301	22078	23053	33418	44811	59032	72862	82441	98015
煤炭	%	84	81	69	44	30	21	14	9	5
天然气	%	16	15	13	9	6	4	4	3	2
水电	%	0	0	1	4	5	7	8	9	10
核能	%	0	0	1	3	5	6	8	10	12
风能	%	0	1	3	10	16	21	25	29	32
太阳能	%	0	3	13	29	36	39	38	37	36
其他可再生能源	%	0	0	0	1	2	2	3	3	3
合计	%	100	100	100	100	100	100	100	100	100

注：专门制氢仅包括煤专门制氢、天然气专门制氢和电解水专门制氢，不含炼焦、炼油、氯碱等行业副产氢生产用能。

附录10

中国氢能分部门消费结构——基准情景

分部门消费	单位	2020 年	2025 年	2030 年	2035 年	2040 年	2045 年	2050 年	2055 年	2060 年
氢能消费量	万吨标煤	12994	15216	15605	17465	20072	23783	27798	30345	35141
工业部门	%	95	94	93	90	83	73	66	60	57
其中：炼油	%	24	26	26	23	20	15	12	9	7
化工	%	68	65	62	59	53	46	41	36	29
钢铁	%	1	1	2	4	6	8	9	11	17
其他工业	%	2	2	3	4	4	4	4	4	4
交通部门	%	1	1	2	4	8	15	18	23	28
建筑部门	%	1	2	2	2	5	7	8	7	4
电力部门	%	3	3	3	4	4	5	8	9	10
农业部门	%	0	0	0	0	0	0	0	1	1
合计	%	100	100	100	100	100	100	100	100	100

参考文献

[1] 中国石化集团经济技术研究院有限公司. 中国能源展望 2060［M］. 北京: 中国石化出版社，2022: 36-39.

[2] International Energy Agency (IEA). Global Hydrogen Review 2023 ［R/OL］.（2023-09-22）［2023-10-01］. https://www.iea.org/reports/global-hydrogen-review-2023.

[3] 董一凡. 欧盟氢能发展战略与前景［J］. 国际石油经济，2020，28（10）：23-30.

[4] 符冠云，熊华文. 日本、德国、美国氢能发展模式及其启示［J］. 宏观经济管理，2020（06）：84-90.

[5] 罗怀伟. 沙特加快能源转型步伐［N/OL］. 经济日报，2021-11-04（4）［2021-12-30］. http://paper.ce.cn/pc/content/202111/04/content_214219.html.

[6] 武正弯. 德澳加日四国氢能战略比较研究［J］. 国际石油经济，2021，29（04）：60-66.

[7] 熊华文，符冠云. 全球氢能发展的四种典型模式及对我国的启示［J］. 环境保护，2021，49（01）：52-55.

[8] IRENA. Green Hydrogen Cost Reduction: Scaling up Electrolysers to Meet the 1.5°C Climate Goal ［R/OL］.（2021-01-04）［2021-01-04］. https://www.irena.org/-/media/Files/IRENA/Agency/

Publication/2020/Dec/IRENA_Green_hydrogen_cost_2020.pdf?rev=4ce868aa69b54674a789f990e85a3f00.

[9] 赵学良. 美国氢能及燃料电池产业发展现状及启示 [J]. 当代石油石化，2021，29（10）：10-15.

[10] 张真，刘倩，史英哲，等. 全球绿氢产业财政金融激励政策与启示 [J]. 环境保护，2022，50（14）：66-70.

[11] 贾英姿，袁璇，李明慧. 氢能全产业链支持政策：欧盟的实践与启示 [J]. 财政科学，2022（01）：141-151.

[12] World Energy Council. International hydrogen strategies [EB/OL].（2020-09-22）[2021-08-30]. https://en.lbst.de/publikationen/international-hydrogen-strategies/.

[13] 程诺，曹勇. 国际石油公司氢能业务发展趋势及其启示 [J]. 石油石化绿色低碳，2023，8（02）：15-20.

[14] 中华人民共和国国务院. 国家中长期科学和技术发展规划纲要（2006—2020 年）[EB/OL]. 北京：中华人民共和国国务院，（2006-02-09）[2022-03-01]. https://www.gov.cn/gongbao/content/2006/content_240244.htm.

[15] 中华人民共和国国务院. 政府工作报告（2019 年）[EB/OL]. 北京：中华人民共和国国务院，（2019-03-16）[2021-10-01]. https://www.gov.cn/premier/2019-03/16/content_5374314.htm.

[16] 中共中央，国务院. 中共中央 国务院关于完整准确全面贯彻

新发展理念做好碳达峰碳中和工作的意见［EB/OL］. 北京：中国共产党中央委员会，(2021-10-24)［2022-01-01］. https://www.gov.cn/zhengce/2021-10/24/content_5644613.htm.

[17] 国家发展改革委，国家能源局．氢能产业发展中长期规划（2021—2035年）［EB/OL］．北京：中华人民共和国国家发展和改革委员会，(2022-3-23)［2022-09-01］. http://zfxxgk.nea.gov.cn/1310525630_16479984022991n.pdf.

[18] 马永生. 加快氢能产业发展 保障国家能源安全［J］. 科技创新与品牌，2021，165 (03)：15.

[19] 曹勇，程诺，罗大清. 能源转型大势下的氢能产业新角色［J］. 石油石化绿色低碳，2022，7 (01)：1-5.

[20] 中国氢能源及燃料电池产业创新战略联盟. 中国氢能源及燃料电池产业发展报告（2022）［M］. 北京：人民日报出版社. 2023：3.

[21] 王盼. 基于平准化成本的绿氢产业经济性研究［J］. 石油石化绿色低碳，2023，8 (02)：1-9.

[22] 陈馨. 典型制氢工艺生命周期碳排放对比研究［J］. 当代石油石化，2023，31 (01)：19-25.

[23] 刘潇潇，王盼，丁宣升，等. 能源转型新形势下对我国能源安全问题的思考［J］. 当代石油石化，2022，30 (06)：1-6.

[24] 张锴，乞孟迪，李杨楠. 新型交通能源基础设施发展展望［J］. 当代石油石化，2023，31 (06)：7-13.

[25] 乞孟迪，柯晓明，程一步，等. 中国石油峰值与石化行业低碳转型发展［J］. 石油石化绿色低碳，2021，6（05）：1-6.

[26] 中国氢能联盟研究院. 氢能产业大数据平台［DB/OL］. 北京：中国氢能联盟研究院，［2023-08-01］. https://www.chinah2data.com.

[27] Amar Vasdev. 1H 2023 LCOE Update: Commodity Inflation Eases［R/OL］. 彭博新能源财经，（2023-06-07）［2023-07-01］. https://www.bnef.com.

[28] Xiaoting Wang. Electrolysis System Capex by 2050 - Updated Forecast［R/OL］. 彭博新能源财经，（2022-10-25）［2023-03-01］. https://www.bnef.com.

[29] International Energy Agency (IEA). The Future of Hydrogen［R/OL］.（2019-06-07）［2021-10-01］. https://iea.blob.core.windows.net/assets/9e3a3493-b9a6-4b7d-b499-7ca48e357561/The_Future_of_Hydrogen.pdf.

[30] 碳阻迹（北京）科技有限公司. 中国碳价预测报告（2022 年）［R］. 北京：碳阻迹（北京）科技有限公司，（2022-10-25），2022：61.